慶元縣志輯

第三冊

【嘉慶】慶元縣志 一

《慶元縣志輯》編委會 編纂

浙江工商大學出版社
ZHEJIANG GONGSHANG UNIVERSITY PRESS
·杭州·

第三册　分目録

【嘉慶】慶元縣志　一

【嘉慶】慶元縣志　十二卷　末一卷

［清］關學優 等 主修　［清］吴元楝 纂修　清刻本

關學優，字乃來，號若谷，廣東順德人。據咸豐《順德縣志》，關學優乃乾隆三十五年（一七七〇）舉人，乾隆五十九年任廣東連州知縣，嘉慶四年（一七九九）至嘉慶七年（一八〇二）爲慶元縣知縣。慶元前令積逋賦逾萬，催科火迫。學優至，即請停采買，歲報買穀三四百石，裁汰陋規銀八百兩，捐羨千，合解正供，以紓民困。附郭姚姓，先世以習羅教得罪遠竄，宗支在慶者，官歲一至其家搜捕，典史則以月至，滋擾苦甚。學優與約，令月一詣典史聽點，而存結於檔，吏胥自是不復擾。政務簡要，吏民相安。邑乘久廢未修，倡爲續志，擇文秀士食而教於署，文風丕變。既以親老請養，會病卒，代者以虧缺揭，守王績著愕然曰：『關令日用錢不過三百，烏有是？』核之，皆前任所流交，代墊已三千餘矣，竟厚賻而歸之。其餘事迹及生卒年月待考。

吴元棟，字厦峰，慶元後田人。乾隆三十九年（一七七四）貢生，性沉静，寡言笑。不事繁華，博涉經史，究心製藝，試必冠軍。宿學老成，共推一邑之望。邑令延修志乘，取裁獨精。子啓甲、啓丁，俱游庠。其餘事迹及生卒年月待考。

是志叙事，上起宋天聖二年（一〇二四），下迄清嘉慶六年（一八〇一），『廣徵見聞，蒐討裒輯，以舊志爲本，而參諸府志及鄰邑志，統之以綱，繫之以目』，雖出於諸賢之手，而考訂增補，實關學優一人之力居多焉。卷首爲關學優、章觀嶽、胡會肇、吴元棟四篇序文，以及例言、縣治圖、目録、纂修銜名，正文設封域、建置、賦役、學校、禋祀、武備、風土、官師、選舉、人物、雜事、藝文等共计十二卷。卷末附有康熙年間戚光朝、吴運光、季灯分别爲程維伊志所作的原序和原跋。約十三萬字。

是志始修於嘉慶四年（一七九九），距康熙十一年（一六七二）知縣程維伊所修縣志有一百二十餘年，其間事迹湮没，幾於文獻無徵，識者慮之。『壬子以前不妄損，亦不妄增者，從其舊也。壬子以後不敢遺亦不敢濫者，録其實也。』本着實事求是的原則修成是志。

於程志，程志載明者悉從程志，間有增補，如封域、建置、學校、禋祀、鄉飲等；增加《武備志》，舊志不載武秩，未免失之偏重，增加武備一志，凡營訊兵防有關統紀者，悉依郡志載入。重新區別歸類，如舊志列寺觀於禋祀，而以釋道入人物，尚欠斟酌，今并入一編，列於雜事，以示區別；詩賦歌詞，舊志備列於山川形勝之下，茲本另爲一册，俾閲者易於諷誦。

是志於嘉慶六年（一八〇一）修成并刊刻，上海圖書館有藏，今據慶元姚德泽先生收録的嘉慶六年清刻本电子稿排版影印。半頁九行，行二十字，小字雙行同，白口，四周雙邊，單黑魚尾版框。版心載書名、卷次、卷名、頁碼。卷端題『知慶元縣事關學優重修』。部分字迹模糊。（李巖）

重脩縣乘序

縣以有志古昔無志而前人獻有以草創之必固難之必重脩歷久不僅而掃來款有

以補續之亦難廣小邑也遑于宋代其志首前令沈君創之汪君楊君繼脩之大都率從簡略至康熙壬

子程君分類編載亦由略而漸詳矣厥閒今百弍十餘年其間事蹟湮沒幾於文獻無徵識者慮之已未

夏予來治慶事甫下車窮皇皇狀即以脩志為務因偕章獬山胡慕園兩廣文延集邑之紳士開館纂脩

輯為二十二卷壬子
以前不異獨亦不異
增者從寬蓋放壬子
以存不敢遺亦不敢
濫者錄其實也嘉辰

校定要付剞劂庶幾
傳諸將來而隨時補
輯者藉得前有所考
亦後有所據也夫
時

嘉慶六年歲三月下
調知慶元縣事頴
南閩學優識

纂修例言

縣志昉於有明萬歷之初嗣後修輯者不乏人而其書不少概見至
國朝康熙壬子邑令程君來蒞茲土因前志闕畧起而修之至今尚有可考自是以來闕百三十年遺蹤軼事攷訂爲難茲刻不辭心力遍訪閭閻勤搜家乘矢公矢愼考載詳明庶幾信今而傳後謹序其次如左

一封域星紀前志載明閒有增補悉從郡志無容立異至山川脈絡在地成形必經歷周知乃能辨其支節

玆頒逐一分明詳開方斯庶不失廬山面目

一建置因時變易難以枚舉玆則詳加釐正不敢純依
舊本匪曰鄙薄前人亦時勢使然耳

一賦役爲民生國計所關事不徵實有司之責也自康
熙初年清戸丁減里役已見
聖朝寬賦安民之至意近來行順莊革里役尤屬便民玆
志戸口田地山塘等項悉遵賦役全書開載校正無
訛

一學校爲人才所自出敎忠敎孝于玆攸賴宋慶歷間

詔天下州縣皆立學嗣後規模禮制日益隆備
國朝尊聖養士至優且渥舊志併入禋祀一條未免失
之簡略茲特詳加補葺以示重道興文之意
一舊志禋祀自山川社稷城隍諸大祀外其餘各神祠
素稱靈禱有應者仍舊登錄
一舊志不載武秩未免失之偏重今列武備一志凡營
汛兵防有關統紀者悉依郡志增入
一五方風氣不同好尚亦異從宜從俗各有攸歸如歲
時伏臘吉凶婚娶見於各集者甚詳茲刻從實採錄

不敢妄爲揄揚

一鄉飲耆介非善良不得與舊志刪削不錄頗嫌近刻今查府志煌煌典禮猶存其舊茲刻蒐羅增補使姓氏不致湮沒亦嘉與爲善之意也

一知人鑒物自古爲難前志分款彙叙體裂已偹茲除舊志有傳外凡一事可採錄者俱核實而表章之惟現存者不立傳

一閨操除前代編入新志外有現奉

題旌及地方官給額詳司褒揚者例當載入或有無力請

旌久而況堙者經地方公舉族鄰具結察訪確實與
例相符亦將酌錄之
一陸清獻靈壽志不載方外舊志列寺觀於壇祀而以
釋道入人物尚欠斟酌今併爲一編列於雜事以示
區別
一詩賦歌詞舊志列於山川形勝之下茲本另爲一冊
俾閱者易於諷誦
一綱羅散失表章舊聞司著述者任之茲本逐加參酌
用昭愼重但歷年已久罣漏知所不免補輯之功不

能無望於來者

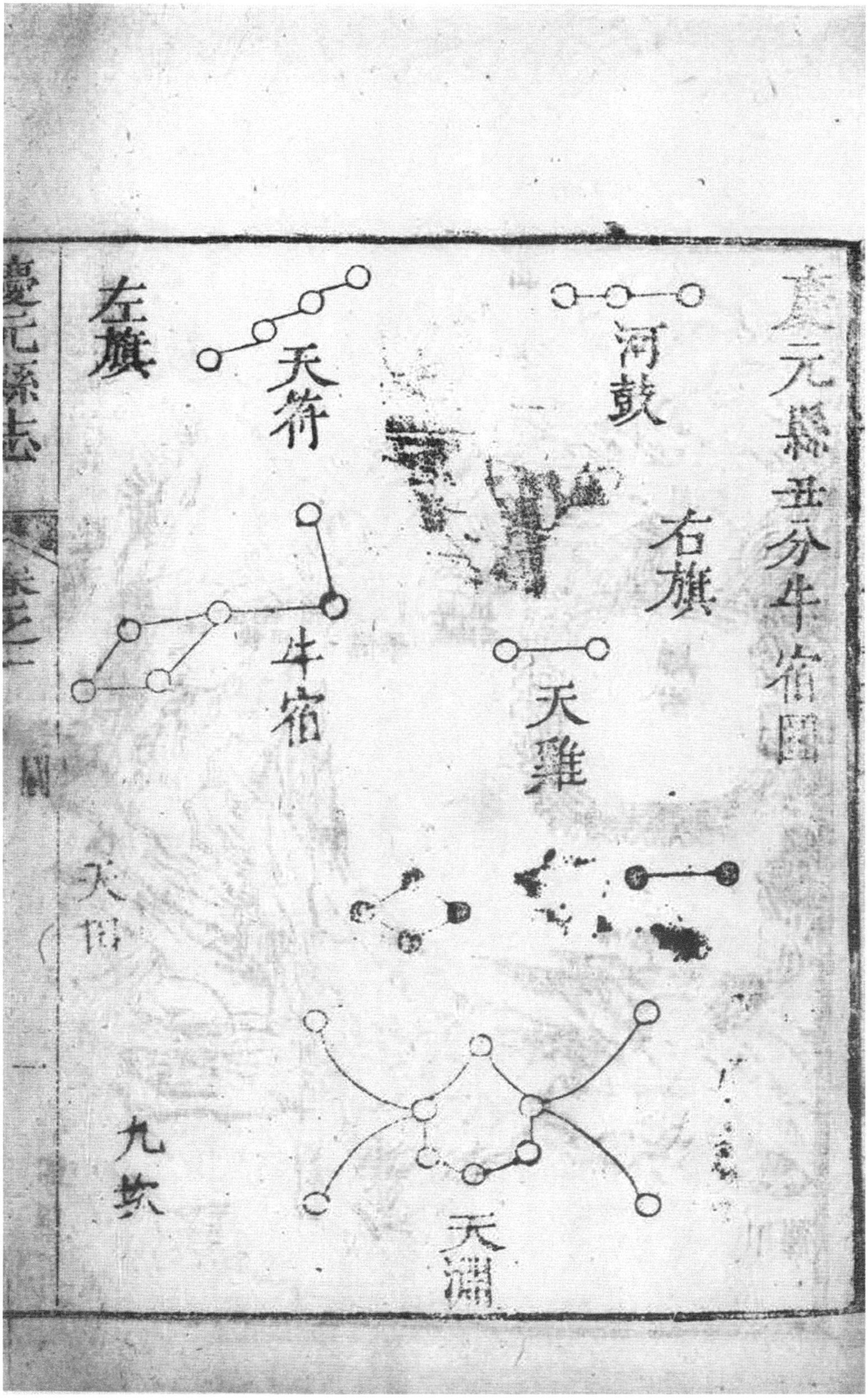
慶元縣丑分牛宿圖
河鼓
右旗
天雞
天淵
牛宿
天桴
左旗
天田
九坎
慶元縣志 卷之一
圖
一

慶元縣境內圖
景寧界
縣治
儒學
壽寧縣界

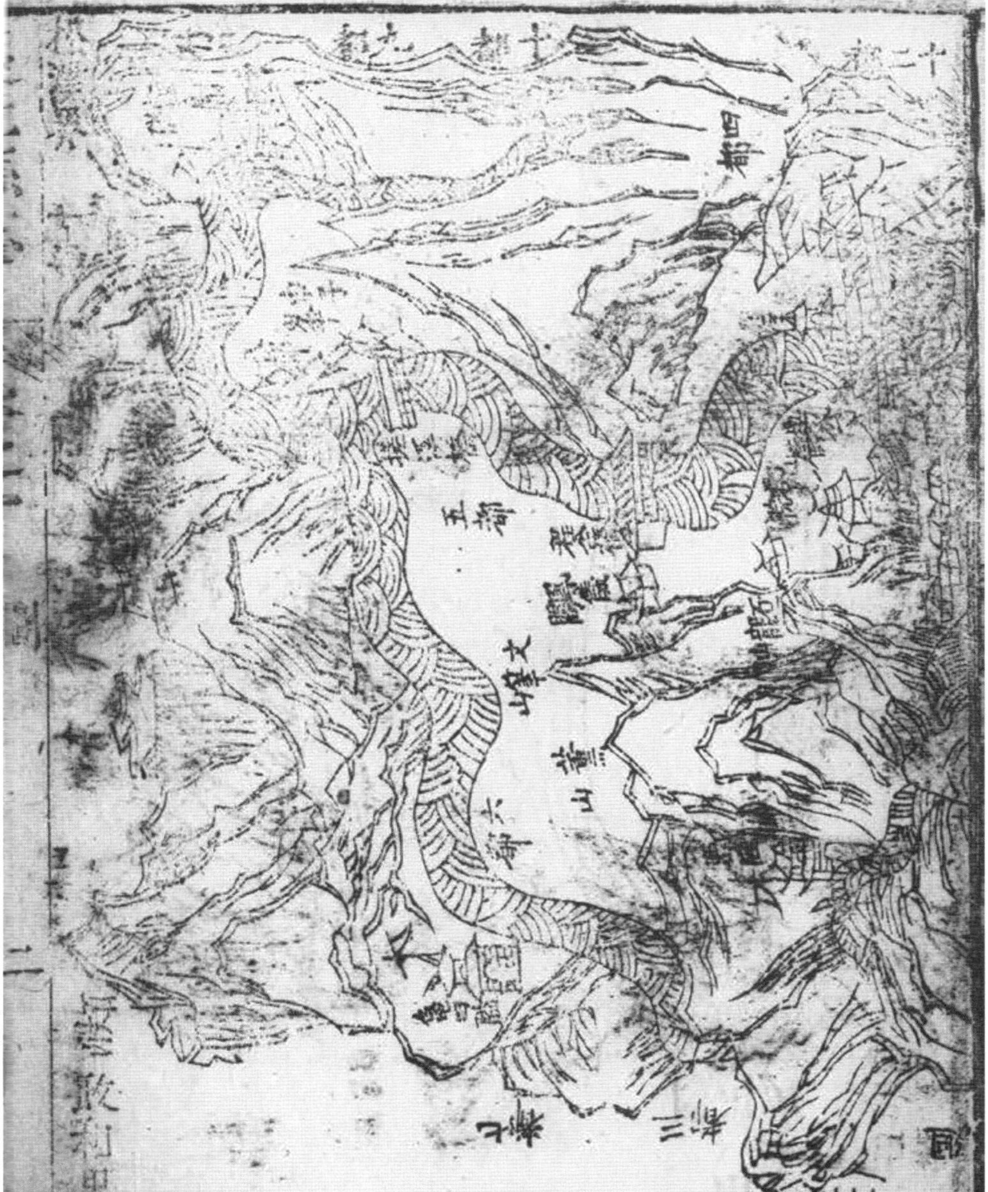
十二都
四都
五都
六都
三都

慶元縣治圖

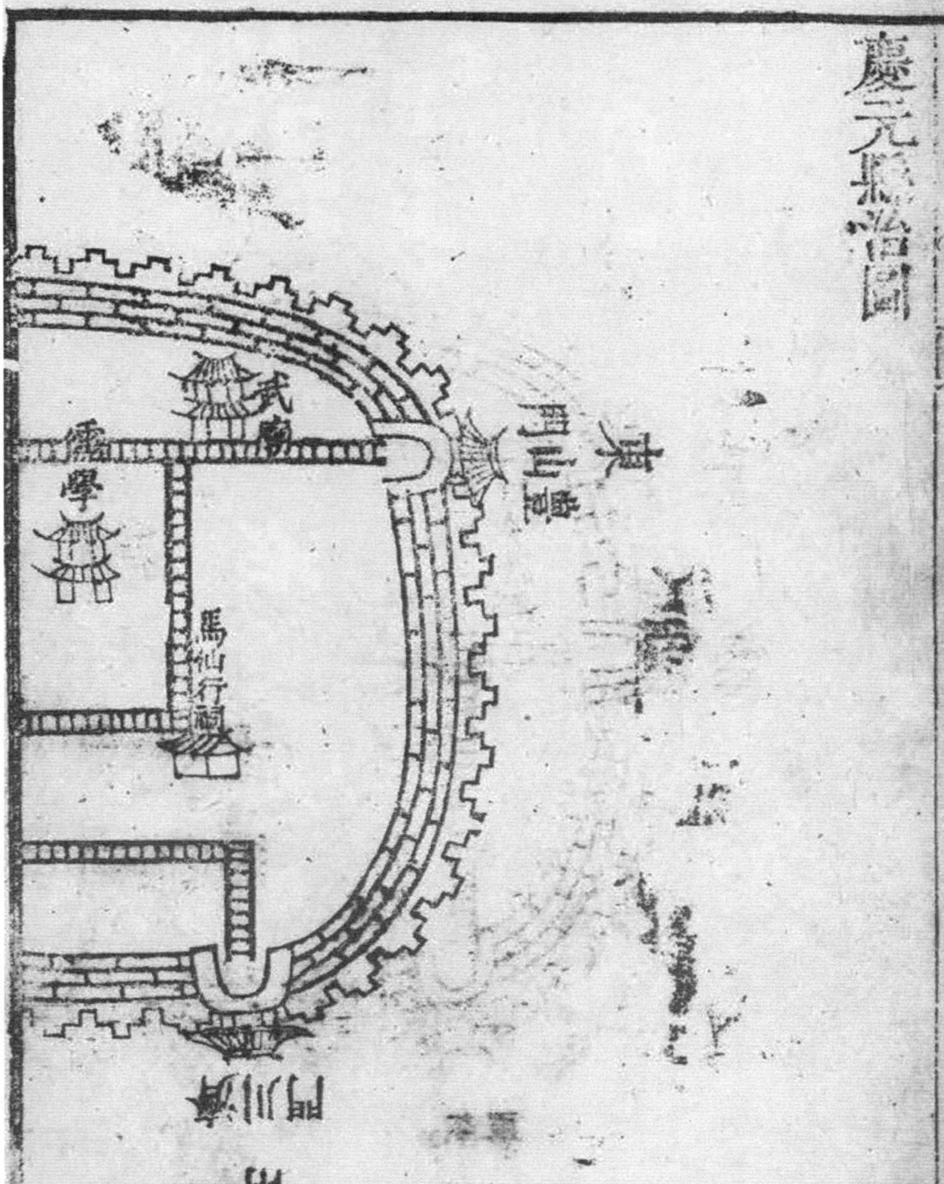

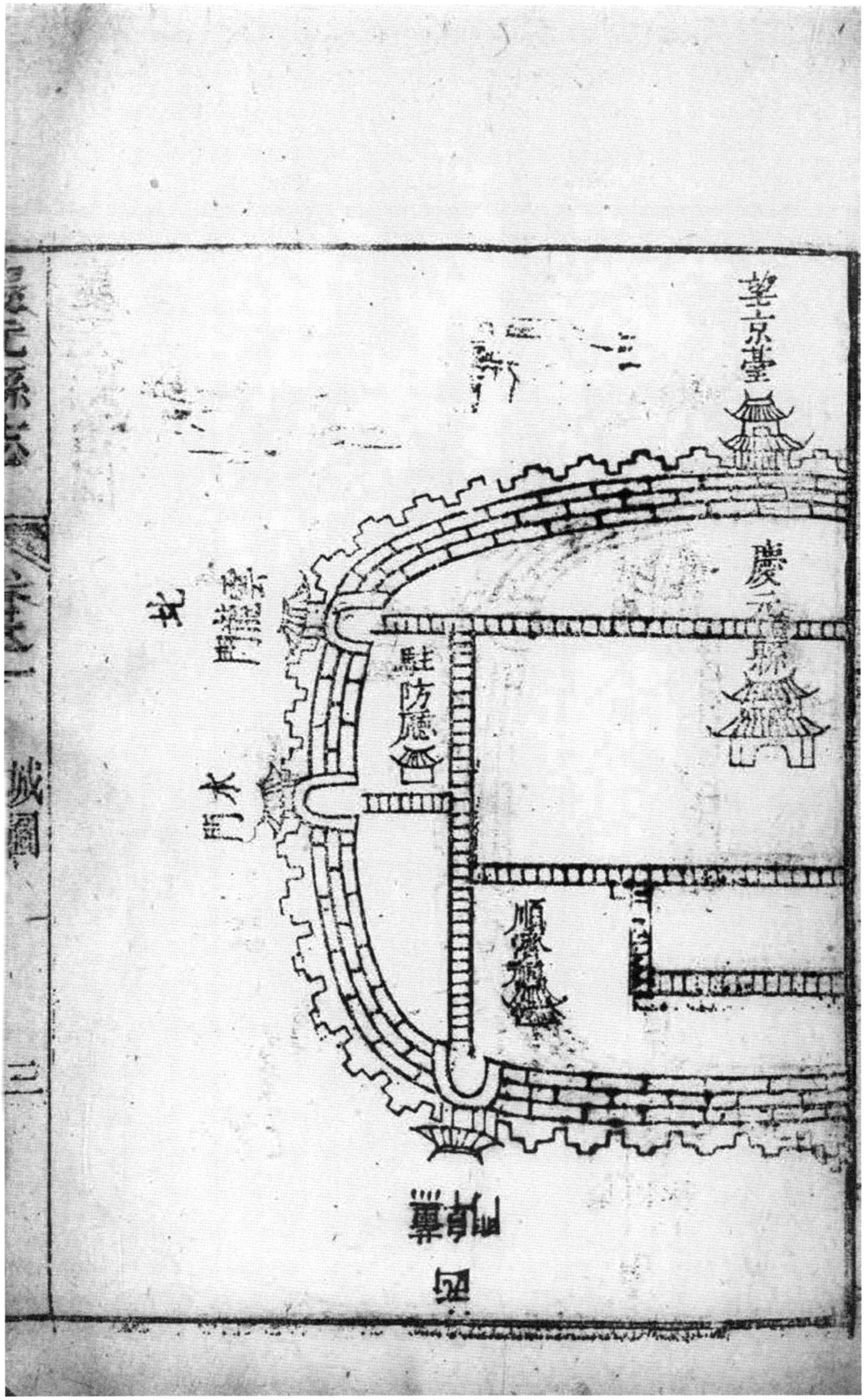
慶元縣志 卷之一 城圖 三
望京臺
慶元縣
駐防廳
水門
北
西華門

慶元縣志目錄

卷之一
封域志
分野　沿革　疆域　形勝　山川
古蹟
卷之二
建置志
城池　秩祀　衙署　市井　街巷
鋪舍　鄉都　倉廒　坊表　橋渡

堰陂　亭閣　賑恤

卷之三

賦役志

土田　額徵　起運　存留　餉賦

蠲卹

卷之四

學校志

學宮　位次　祭器　樂器　舞器

樂章　賓興　讀訓　書籍　社學

鄉賢 ○ 學田 書院 義學 射圃

卷之五

禮祀志

壇壝 廟祠 邱墓

卷之六

武備志

關隘 兵制 紀事

卷之七

風土志

習尙　歲時　禮制　坑冶　[illegible]

卷之八

官師志

知縣丶縣丞　主簿　典史　教諭

訓導　治行附

卷之九

選舉志

進士　舉人　徵辟　明經　例貢

附監　援例　武職　貤封　恩蔭

孝友 孝義人附

卷之十

人物志

理學 名宦 鄉賢 忠義 孝子

仕籍 文苑 篤行 武功 善良

隱逸 僑寓 方技 閨淑

卷之十一

雜事志

祥異 仙釋 寺觀 塚墓 叢談

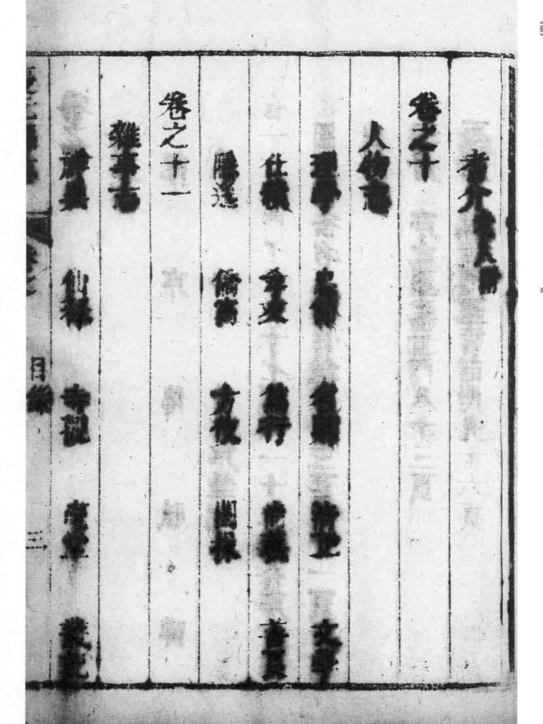

卷之十二

藝文志

記　序　傳　賦　碑

箴　詩　前志序錄附

右一十二門子目九十七類凡一十二卷合序文圖

圖纂修銜名凡例目錄共計三頁又十一頁[illegible]

首冊

卷首　序文至纂修門八十三頁

卷一　疆域門至官師門九十六頁

秋册　選舉門至雜事門九十二頁

冬册　藝文門一百一十頁

慶元縣志序

竊以書有禹貢周禮有職方而後世之志書以興郡邑不可以無志志又不可以久缺而不修昔朱文公稱南康甫至卽問郡志君子謂其知所當務志不甚重乎哉慶元僻處萬山中卽古之鄉邑也建於宋之寧宗四百一十二載從未有志至萬歷四年邑令沈君始按家乘而草創之迨

本朝康熙壬子邑侯程繼伊始分門別類綜覈發摭博徵聞見使覽古者有所矜式考事者有所搜尋此固一時

之盛舉也無如歷久就湮淹殘缺裂甚所登已半佚
虫鼠之喙矣歲在己未仲夏邑侯 關公奉檄來守是
邑甫下車觀厥邑志嗟爲殘帙竊殷殷致問商及於余
垂雲川上 胡公余以百餘年未經修葺之事一旦
得 公爲之倡事在一時功垂萬世其美舉孰有過於
是耶于是 公乃延邑之紳士開局於縣署東偏廣徵
見聞蒐討裒輯以舊志爲本而參諸府志及隣邑志紀
之以綱繫之以目首紀輿地次詳賦役務學校之規制
考壇壝之廢興而且博採藝文蒐羅軼事共編卷一十

一卷雖出於諸父之手而考訂增補實 公之力爲多是役也是書成俾讀者展卷披圖縣如指掌而舊籍新存於其間仁人孝子義夫節婦風化攸關者靡不搜羅闡闡以之發潛德而燭幽光使後來者知所趨向豈不懿歟余雖忝在末議事成之後不禁欣喜雀躍謂不負吾邑侯 闕公眷興之意并不負諸賢任事之勞故樂得而爲之序云

皆

嘉慶六年辛酉三月慶元縣儒學教諭東甌童觀撰

慶元縣志序

粵東關公宰慶之次年奉　上檄纂修縣志稽邑之紳士秉筆草創而公總其成夫自龍門子長作書八班孟堅因之爲志志之名著自此劉知幾史通云衆史諸志各自以爲工推而論之多未得其竅又云才識學三者世罕兼之猶愚賈操金不能殖貨巧匠無楩楠斧斤弗能成室甚矣作志之難也邑之有志凡山川形勝戶口賦役與夫壇壝祠廟橋梁關隘皆載之於編而最要者莫如忠孝節廉之事實文章政績之流傳載筆者

矢公矢慎無溢收無漏畧無徇愛憎庶可以信於今而傳於後否則真贋雜揉欄牛圖鹿或妄厠其中而貽譏長埋魚骨莫剖若有鬼神將不福人吁可畏也且夫言之無文行而不遠胸羅千百卷書造一詞立一意有純粹爾大雅無踳駁而出規可以爲文矣從以烟墨不言供其驅染紙札無情任其摇裂自吟自賞可也苟而問世烏乎可今秉筆之士其採訪也公其纂輯也慎其遣言也無鄙野之聲重以闕公纘學問深才長而識密秉簿書之暇以其神營腹笥者殿最而定去留筆走風雲

祠無旗續元圖積夜光之玉齊廷積瀝獻之篇雖一邑

之志直可媲美佳史而不蹈劉氏之所譏矣余忝同修

之任自以學殖荒散整齊全謝不敏爰有蒐輯之事繕

之瑣瑣耳書既成不復藏其拙言爰綴數語以弁之

昔

嘉慶六年歲次辛酉孟春月慶元縣訓導候補知縣溪

溪胡曾肇撰

慶元縣志序

六經以外書之可以信今傳後者莫如春秋而史遷之所以能信今傳後者尤莫先於[illegible]
與史家之旨矣[illegible]者一有不[illegible]
陵其事由是而達之郡邦達之[illegible]以爲傳記[illegible]成
實錄豈得爲史家之亞乎哉本邑向未有志自明萬曆
間沈公創之汪公繼之楊公又繼之至我
朝康熙壬子三楚程公復纂輯志之例[illegible]
書其意蓋在達成或得此而[illegible]

後有佚焉己未仲春實授茲邑教諭行至上青 忠

於戲一統大志以昭文明之治義無不舉之義則

朝多故典也有前明三志擇正義之務及今上志存前稱焉

于一時又得讀不可計千字以後遺文軼事百二十餘年

□朱儀將欲筆之 史館而其道舍自於是 開卷

惟慶之明年徵集各志謀諸學博擇邑中諸生有文行

者凡十餘人遍爲採訪而獨以謀纂之事屬之於余惟

予僕之莊也猶不如人今老矣復何能爲且邑志之不

修未有疏於此時者也文獻缺佚兩無可徵未有甚於

此時者也　侯當鈴索之暇乃悟惕於邑志之是誠不

得　章胡兩賢文爲之左右叅酌於其間未三月之德

何難建千秋之業君棣者無陋夫學究而且耄明不足

以周萬物之理道不足以適天下之用智不足以發難

顯之情亦惟是偕諸君子暨邑中之耆老者稚與扶杖

太息惟願須臾毋死以觀德化之成乎等參云乎哉雖

之不已而復爲倒言非敢以是自相矜詡實爲我　侯

之摭拾淵博抑以幸集腋成裘者之得自兩夫子也於

是首稽封域終於藝文爲卷十二以備實錄至於政事

文學忠孝節義之屬隸在各門炳如日星覽者自可觀

人無待予言之贅綴矣是爲序

皆

嘉慶六年歲在重光作噩皋月邑人吳元棟撰

慶元縣志纂修銜名

主修

慶元縣知縣關學優

同修

慶元縣學教諭章觀嶽

慶元縣學訓導胡會肇

署慶元縣學訓導葛覃

纂修

甲午歲貢生候選訓導吳元棟

較修

丙辰科恩貢　生吳公選

廩膳生　員余鈞

生　員李學勤

生　員葉邦勳

生　員周培陞

生　員王元衢

續修

提考壬戌歲貢　生余豐

增廣生　員吳鐵甲

廩膳生　員吳鑾

生　員葉之楷

慶元縣志卷之一

知慶元縣[illegible]修

封域志

分野　沿革　疆域　形勝　山川
古蹟

洪荒之世畫地無文虞書云肇十有二州封十有二山至禹貢而後合爲九始詳山導辨土色定貢賦周禮度地居民職方掌之此輿地之說所自昉歟蓋千古爲百粵地屬揚州析而分之不越于分中之一隅耳然星辰交會著於天文岳峙川流形於地輿茲閩

封疆有定界險阻有定形與夫歷代有沿革皆不可以不審也志封域

分野

周禮保章氏以星土辨九州之地所封之國各有分星太史氏因之以察時變考災祥是因天驗地古有然矣故誌地理者以封域為體辨封域者以分星為緯蓋封域之廣狹屬乎星辰之多寡有定數合而考之其論始備

宿曰斗 前漢地理志吳地斗分野今之會稽郡一統志浙之處州入斗度

於辰在丑晉書地理志於辰在丑吳越之分

女星紀[illegible]星紀

候在熒惑占於鳥衛史記天官書吳越之疆候在熒惑占於鳥衛熒惑鳥衛者南方朱鳥也

按慶元乃揚州境又屬七閩地考隋書地理所載揚州南斗十二度至須女七度爲星紀而閩地則分屬之牛宿今慶雖屬於閩而地不屬於閩然而東西接壤于福省爲最近于括州爲較近按其星野應在斗二十四度入牛初度之分

沿革

誌封域必溯沿革者代之久近宜詳古今之分合亦異如府志所云或州變爲縣或縣改爲州由後溯前紛挐不一籍非有志孰從而考覈耶爰稽顛末列之斯篇

慶元本禹貢揚州域

周爲七閩地

吳越時爲東平鄉歷秦漢暨唐因之

五代時王審知據閩改名松源鎮屬處州龍泉

宋寧宗慶元三年吏部侍郎胡紘請於朝以所生松源

鄉置縣治因以紀年爲名元因之

明洪武三年革縣治爲巡簡司治松源仍屬龍泉十四年復置縣裁巡簡隸處州府知縣龍大本編戶五十九里英宗天順二年耗省六里止存五十三里統計五百三十戶

國朝康熙十年併爲三十七里統計三百七十戶雍正七年編行順莊統一百六十八莊

疆域

維王建國必以疆域限之非獨使四民安居樂

業勿輕去其鄉已也宰治者審方辨俗因程途之遠近爲政教之旬宣于是乎在處于浙爲末郡慶又千處爲遠鄙萬山環繞七閩接聯其經畫尤宜詳焉

縣在府城南四百里

東距西二百三十里

南距北一百二十五里

東南距西北二百六十里

東北距西南一百五十里

東至福建壽寧縣雙港界九十里至其縣一百九十里
南至福建政和縣徐溪界五十里至其縣九十里
西至福建松溪縣木城界四十里至其縣八十里
北至龍泉縣小梅界九十里至其縣一百八十里
東南至福建壽寧縣楊公墓界一百五十里
東北至景寧縣後溪界一百里至其縣二百里
西南至福建政和縣王安溪界四十里
西北至福建浦城縣官莊界一百一十里至其縣二百
七十里

東南廣二百三十里
南北袤一百二十五里
自縣治達府四百里達省一千三十里達
京師五千四十里

形勝

慶邑衆山峻嶺所在扼塞迨皆天設之險野也
或曠之區所謂制人而不制於人者然邇來翻設
遠介在閩邈奸宄易於嘯聚盜徒嘗恣由入則
葺堡樹柵先事制禦未能無望於當事者之籌

意耳

華峰插天崇流操馭

控閩上游為括外蔽

環邑四面皆山而山脈導豪西南自鶴頭東歷梅坳東南折為溫陽又東南轉為白馬山又正南折為迴龍洞又南轉為冠會又南起為天馬是為邑之面山南去五十里為白[illegible]山[illegible]西去四十里為[illegible]盤山福建松溪縣界是為邑之右臂北去七十里為馬鞍山[illegible]東去九十里為萬里[illegible]

大溪自東以北至濛洲與護竹水合復受交劍水經石壁而西奔駛下注會齊川支流旋繞縣後復西合竹溪水匯入龍潭達樓溪與芸洲水合稍林隔西繞過新窑北受竹口委流胥入於閩惟梅溪之水從潭漏出過頭陀峽直下查田達龍泉趨郡城入於海

縣治枕山為城帶水為池前有霞帔之奇後有象山之秀溫陽聳其左石龍蟠其右仙岫列於東南萬錦湧於西北石壁屬畸為門戶[illegible]一方鎖鑰竹溪為三面屏障[illegible]

邑形勝不必能甲於此

山川

山[illegible]山川明秀多名賢輩出如劉殿元陳大[illegible]中[illegible]諸公皋[illegible]相望迄於今山川[illegible]是[illegible]莫[illegible]不多覯豈專地靈有[illegible]表彰人以地勝亦地以人勝斯土者尚其鑑之

雲嶺山 自天馬山發脈西南秉森人[illegible]嶺巍嶷勢崎高

龜山 在縣內雲嶺山之爲壟墩堂山

霞峨山與縣治對相去七里叔戰曾尉叢巒擁秀如金碧詩見藝文

天馬山在縣南七里與霞峨山連詩見藝文

南山在縣南十里丹崖翠巘奇秀偉麗

仙桃山在縣東南十五里高聳雲霄昔有仙人種桃其上桃花霞麗隱躍有黃公遇仙於此詩見藝文

黃公山在縣東五里即黃公寨遠觀如屏邑之畫者多畫此山

鏡山在縣北二里林木陰森詩見藝文

錦山在縣北十里即巾子山其巔陡削四五尺凡九峰都兩峯巒崎峙佳氣浮空春彩橋然相傳有寶玉仙食在其上廼接蘿山北聽劉卿翁叢元及鶴詩見藝文

石龍山在縣西北二百武蜿蜒若龍伏而復起登臨眺望一邑之勝在其下邑人劉□詩見藝文

文筆山縣西北三里五峯峙立尖削下[illegible]一名五雲山又名筆架峯詩見藝文

藍山縣西十五里兩山夾峙壁立千仞溪[illegible]詩見藝文

桃源山一都下管勢若逶迤詩見藝文

廻龍山一都下管山勢盤廻狀如伏龍中構一菴有螺星錫洞瀑布試劍石詩見藝文

鐵旗山一都下管

半月山一都上管前沮深澗後擁羣峯吳氏世居其下詩見藝文

銀屏山一都上管

石壁山二都周數百丈峻空為邑[illegible]

溫洋山二都屹立高聳為諸山冠昔有老人居此壓年一百三十餘歲後遁仙而去詩見藝文

萬里林山二都遙望深廣林木森鬱居其麓者數十村

香爐山二都

品山三都三峯圓秀儼如品字

天梯山二都詩見藝文

頂豐山二都

山岡山三都羣巒曲其下有禱輒應又名仙山

烏蜂山三都有梵公聖者廟歲旱禱雨立應進廟者身或不潔羣蜂擁至因名詩見藝文

象山四都

斑岱山四都藍岑飛瀑競秀爭流詩見藝文

硒砲山 四都[illegible]坑

梓潼山 西都[illegible]文昌祠[illegible]

樊[illegible]山 四都

[illegible]鎗山 四都平坑

蓮花山 五都[illegible]

鼠山 五都

屏風山 六都境里邑水口

百丈山 七都縣西北三十里巢[illegible]崖孤峭乾立高聳五代時周氏二女[illegible]於此井旁[illegible]去巖壁間有[illegible]臺[illegible]前方履跡遺[illegible]上有三聖井下有龍湫禱雨[illegible]不[illegible]之[illegible]風雨隨至[illegible]

見藝文

[illegible]山名亦與百丈山遠宋金王 [illegible]山北大閩豪慕之故名

[illegible]山[illegible]西與[illegible]霧說翼[illegible] [illegible]人[illegible]詩見藝文

[illegible]山[illegible]溪

[illegible]山九都[illegible]一[illegible]列秀峰後擁屏[illegible]知[illegible]藝文

翠雲山九都寨後[illegible]擁石[illegible]有洞詩見藝文

真武山九都[illegible]一峰[illegible]其一[illegible]一[illegible]一[illegible]

琵琶山九都[illegible]見藝文

白馬山[illegible]中[illegible]

菰湖山　十一都山勢峻大羣峯環拱與龍泉黄南界

鐵頭山　十一都山峯峭立為新窰諸山之源

峯

巾子峯　在錦山上兩峯對峙高不可攀

芙蓉峯　舊誌三十五至峯巔舊有前設巡簡司今廢址建險詳見藝文

玉峯　二都孤峭碧立望如瓊鬟

鐵尖峯　二都一峯孤立尖削摩空

大岩峯　十一都下有風洞遇者身或不潔颼風立至歲旱禱雨輒應

岡

[illegible][illegible]四都[illegible]象嶺之北下宕東嶽宮

[illegible]壇　濟川門外

巖

疊石巖　二都蛤湖兩石相疊遠視若懸崖一石高十餘丈上圓大下直小中如菡萏[illegible]皆

大獅巖　二都大洪蹲踞如獅勢欲搏人

石壘巖　二都黃皮有三穴彼此相通可容數十人

筆架巖　二都黃皮天梯山上

馬蹄巖　三都派石坑

歇雨巖　五都延袤數丈上突下削

將軍巖在乾元都鯤地一石卓立其高數丈

白鶴巖在九都吉山上相傳五代時有一羽士於此跨鶴而去

洞

石洪洞鏡山下

道人洞在一都上管

仙巖洞在二都青草中有泉自洞頂瀉滴而下不涸不溢歲旱禱雨輒應

白雲洞在三都練村隆石嶽空常有白雲覆其上詩見藝文

坳

楹坳在二都縣東五十里坳者有溪昔多楹樹故名

梅坳　二都縣東北五十里

黍洋坳　十二都縣東北七十里通雲和

杜村坳　三都縣東南二十五里

隴門坳　十二都縣北九十里通龍泉

嶺

石龍嶺　縣東三十里

洛嶺　縣東七十里崒嵂倚天

虬盤嶺　縣東七十里上管

横嶺　縣東八十里通壽寧界以上俱一都

鷹嶺縣東十里橫盡雲際款步刻劃載

叢竹嶺縣東十里其上爲喜鵲險

石橋嶺縣東二十五里丹崖飛瀑詩見藝文

梧桐嶺縣東三十里通景寧界

椿杵嶺縣東三十里

大保嶺縣東三十里

喬陌嶺縣東三十里

林草坑嶺縣東三十五里

青草嶺縣東五十里

打磚嶺縣東五十里

百花嶺縣東六十里

魚葬嵛嶺縣東八十里

梅樹嶺縣東八十里

半天嶺縣東九十里層巒聳立一線凌空詩見藝文

將軍嶺縣東一百里詩見藝文以上俱二都

赤搏嶺縣南七里

烏石嶺縣西南十里石壁峭削爲邑西障

泒石坑嶺縣南二十里以上俱三都

瑄台后嶺縣東北十里在四都

角門嶺縣北四里五都

白嶺縣北三十里在八都通梽溪

摘花嶺縣西四十里

張天嶺縣西六十里以上俱七都

明窖嶺縣北三十里下爲棘蘭汛

寨後嶺縣北三十五里以上俱八都

湯源嶺縣北七十里

毛源嶺縣北一百里

打鼓嶺縣北一百里通浦城界以上俱十一都

川

松源川縣南十里又名濟川源出松源山流入大溪詩見藝文

洵洲川縣北七里有石印浮於水面邑人以石浮沉卜歲豐歉屢驗詩見藝文

溪

竹坑溪薰阜門外源出西鄉洵沙可淘金故名古金溪抱城西北過雲龍門入石龍[illegible]詩見藝文

濛洲溪縣東二十五里與蓋竹水合入交劍潭

灉龍溪縣東北六十里流入蓋竹溪

蓋竹溪縣東二十里

下灘溪縣東南十里

司後溪布政司後

坑西溪縣北五里流入洵洲

桃洲溪縣北八里流入槎溪詩見藝文

魏溪縣北七里又名張洑溪與桃洲水合

槎溪縣北二十里源風甜綠澗巒迴清流入棘蘭溪

安溪縣西南四十里入芸洲

芸洲溪縣北二十里與槎溪合

棘蘭溪縣北三十里詩見藝文

梓亭溪縣北四十里與新窰溪合

柏漈溪縣北六十里與竹口溪合

下漈溪縣北六十里與竹口溪合

竹口溪縣北五十里入梓亭溪詩見藝文

新窰溪縣北四十里以上諸水達松溪

漈下溪縣東北五十五里與左溪合

青竹溪縣東一百里入左溪

左溪縣東八十五里與南洋水合

南洋溪縣東北一百里以上水達景寧

泉溪縣東南七十里產壽峯

桐山溪縣北九十里達龍泉

潭

營後潭城隍廟後濤流瑩滉雲氣隱隱流入石龍潭

山谿潭縣東隅鏡潭委流有石如印日光映射金碧陸離

鏡潭縣東隅鏡山前今塞成灘詩見藝文

古樓潭在周墩其上爲古樓廟

周良潭去縣東三里

石壁潭縣東八里峭壁瀠迴入古樓潭

白沙潭 縣東十五里

交劍潭 縣東二十里兩水奔瀉交流於大山之麓潭有石峭削如爭

三井龍潭 縣東四十里兩岸複岫壁立有三級最下一潭深不可測歲旱禱雨屢應其流入交劍潭

石龍潭 縣北轉力寺前上流水光瑩深不可測爲衆流所瀦復中浮巨石狀如龜又名印星知縣楊芝璐架橋其上建禱天閣及小蓬萊立石潭右名放生池詳見藝文

楓潭 縣北去里餘

溪口潭 縣北五里水深澄碧流入白槐潭

白槐潭 縣北去十里

瓶田潭 縣西二十里流入芸洲

蒲潭縣西三十里流入瓏田

銅鉢潭縣西三十里形如銅鉢流入蒲潭黃晃墓文

擲水潭樣溪下流相傳昔有神樹大十餘圍有鷺八至此潭法能呼役鬼神召風雨晦冥其樹倒入潭中至今不朽

把馬潭流入棘蘭溪

廻龍潭縣北六十里竹口

黃潭縣北六十里流入廻龍潭

斗潭縣北八十里流入黃潭以上俱達閩

古蹟

渤豐來者思再續撫松栢者懷景山雅擅一時名甚千古龐邑環山重重勝由天設然桂亭翰墨傳自有元濟水題樓首推清獻俯仰千載人有同心興廢無常感慨係之矣

馬仙墓在六都百丈山距脫身巖六里世傳馬仙並母處也數峯聳起一水繞旋宛然圖畫一統志廣輿記皆云墓有古松一株倒垂如帚隨風掃蕩塚無些塵康熙間松爲樵夫伐去後生如前伐松樵亦尋爲雷所殛

脫身巖在百丈山懸崖倚空下瞰無際馬仙修鍊於此松溪令聞其貌美欲娶之女約曰若能一夕砌路自城達山相迎便當從令亦有神術卽砌路竟成二女乃飛身於隔溪石崖下令追躡之遂亦飛化今

石上女娃跡并鞋履跡皆高寸許有鐫刻所莫能省者

百丈十三井 百丈山巔其水清冽自山南半山雪曲折流五六里瀉入龍湫遂[illegible]隨以次注十三井從注奔而去雲氣漾鬱隱隱有龍潛於其中

鐵甕潭 在隱身巖對岸詳見山川

東溪赤巖三井 去縣東百里四壁壁立如飛流泉清冽每注一井俱作飛瀑珠噴而下最下一泓深不可測冷氣逼人莫能注視常有龍浮其中歲旱禱雨立應

百花巖三井 三都花卉繁盛昔黃公結廬其上二十餘年坐化於此至今石上有鈴刀痕跡詳見藝文

石印三井

西洋巖後三井 明嘉靖三年大旱禱雨於此三日不雨人以石投井行不數武雨霪如注田禾盡救

神童井相傳在神童坊下大理段范階十三年居人掘天掘得之掘下十餘尺即得二石硯硯背有銘乃陳尚書嘉謨所製也古質斑駁色光瑩潤甚可愛也因此疑爲尚書舊物然不可考

黃仙宅在下管黃坳址存

劉狀元宅在五都番與門前衛址猶存

陳尚書宅在九都舊有神童坊今廢

胡侍郎宅在四都坑西雙股嶺下今廢

籍桂亭在縣治前舊有亭扁籍桂二字立石題進士名左右鑿池植荷花夾岸栽桑元至元十五年火大德九年知縣于崇重建今廢

梓亭寨在九都爲梁慶巡檢司建今廢

[illegible]亭在縣治內久廢

手詔亭在縣治南今廢

放生池在神力廟前

遠觀亭石龍潭龜石上嘉靖間知縣程紹顧建

稔源形勝亭與遠觀亭連今俱廢

平川陳文母碑雲龍門外

補天閣城北龜石上明崇正十五年知縣楊芝瑞建記見藝文

小蓬萊補天閣下今俱廢詩見藝文

碓中閣在坑整涼中崇正十四年知縣楊芝瑞建順治八年壞詩見藝文

頌春亭在縣南久廢

日涉園在一都下管當湖陸子清獻講學於此園門有楊手書扁額二字

嵐幽承請石在八都明嘉靖鄭卿撰陳澤書

慶元縣志卷之二

知慶元縣事關學顏重修

建置志

城池　秩統　衙署　井市衕衢巷

鋪舍　鄉都　倉廒　坊表

橋渡　堰陂　亭閣　驛郵

先王建邦啟宇誓之帶礪內而衙署外而衢廛延而城郭遠而郊甸莫不度地君民正位辨方以時創舉典至重也下此而倉梁爲利濟所在坊表乃名節攸關或矜生恤死之有具或堰陂郵傳之可尋皆當一

一條載以資討論者也志建置

城池

易曰王公設險以守其國險之時義大矣哉慶

隸括末三面距閩究徙易於出入雖日衆志可

以成城而未雨綢繆猶幸先事者之能預圖耳

城高一丈八尺厚一丈圍尺繚一千五百六十二明嘉靖二十五年知縣陳澤始築陳桓有記見藝文圖十一年署縣事通判周紳改築西城于西山之巔凡六十餘丈高一丈八尺厚一丈五尺樊獻科有記見藝文崇正十五年知縣楊芝瑞重脩環增磚垛三尺

東豐山門初名壽寧門又名仁豐門

南濟川門

西豐阜門

北雲龍門

西北太平門明嘉靖四十三年知縣張瓏亮從民請增開亦曰水門

東北望京臺萬歷五年知縣黃繼魁修順治五年燬康熙十一年知縣程維伊再建今圮

城樓五東南西北各一水門一崇正十五年知縣楊芝瑞建順治五年燬其四康熙七年知縣程維伊三重建又圮乾隆五十年知縣王恒再建惟水門一樓向為楊公祠嘉慶四年十一月燬于火

窩鋪十二楊芝瑞建久毀

東南敵樓各一楊芝瑞建崇正時壽寧山寇猖獗慶人不敢窺城邑人感歎呼稱楊功

西南覓僊山山名雲鶴

西北臨河北爲大河西爲金溪水逕城而下至雲龍門合大河

東南鑿池深一丈廣二丈池水東流至北與大河水合

萬歷十六年蛟水夜發衝壞北城七十三丈知縣詹
秉龍重築

國朝康熙二十五年大水衝塌西城數十餘丈雍正八
年知縣徐義麟重修

乾隆元年大水三十二年五月又水四十九年五月
又水西城屢修屢塌凡三處四十九年知縣王恒

重修五十三年四月大水金溪水從西城衙入轉北城衙出淹塌西北隅民舍壞西城七十餘丈北城二十丈

秩統

國家設官分職建之長以養民卽立之師以教民下至僚屬相聯莫不有數可紀虔自分治以來歷代損益互有不同我朝定鼎建官惟賢位事惟能準時地之繁簡而汰設之有久安長治之畧焉謹叙其秩統如右

宋

令一人慶元三年分縣設

元

達魯花赤一人

主簿一人

明

巡檢司一人洪武三年汰知縣設本職

知縣一人洪武十四年汰巡檢仍設本職

縣丞一人隆慶元年汰

主簿一人嘉靖七年汰
典史一人
教諭一人
佐訓導二人嘉靖汰一人
國朝
知縣一人
典史一人
吏戶禮刑司吏各一人　典吏各一人
兵工司吏各一人　舖長承發典吏各一人

庫書一人　倉書一人

教諭一人順治十七年裁汰康熙十五年復設

訓導一人

廩膳生員二十人　增廣生員二十人

歲入附學十二人　歲入武學八人

科入附學十二人國初入學歲科並考文武額皆六名康熙二十三年奉

恩諭廣額歲科分考文學增二名爲八名二十八年復

本

恩諭文增四名爲十二名武增二名爲八名

學吏一人

醫學訓科一人　陰陽學訓術一人

農員一人雍正二年設　僧會司僧會一人

道會司道會一人以上五人俱推邑人補授

衙署

邑有衙署非特示尊嚴肅體統已也蓋治民不可以露處爲民父母使一身無所棲托將何以展布四體爲衆亦子謀身家慶邑衙廨舊燬於兵官皆僦居民舍久

國朝來燦然具備規模蓋宏遠矣若其位以治其

民當惟是布政敷教共期無曠可耳

縣治在城東北宋慶元三年令富嘉謀建元至正十五年燬於寇二十六年達魯花赤亦都撒重建明洪武十四年知縣董大本再建二十七年知縣李仲仁拓建宏治間知縣沈鶴重修

中爲大堂舊名忠愛堂世傳其額爲子朱子手書康熙四年知縣程維伊重建大堂仍懸舊額雍正元年堂爲颶風所壞知縣李飛鯤改退思堂爲館廳乾隆七年知縣鄒儒復建大堂有記見藝文

左爲贊政廳每朔望日同僚寀於此辦事

左後爲耳房庫貯一切帑物

右爲寅賓館凡賓客入謁齋夫延入坐再肅迎

右後爲茶房官有事時于此烹茗以進

堂後爲宅門以時啟閉置守役一人凡書役人等非奉傳喚不得擅自出入

宅門内爲穿堂爲後堂知縣程維伊題其額曰萬古磨青嘉慶二年知縣魏夔龍題曰清慎勤

左爲　龍亭庫右爲架閣庫

又後爲三堂爲知縣宅順治五年毀康熙四年知縣程維伊重建有記見藝文乾隆二十六年知縣唐若瀛以三堂地卑陞基重建

東爲火廳西爲藝圃

堂前爲轉遙尊客輿馬止于此

又前爲立廊皁役立此聽差

東列吏戶禮倉四房
西列兵刑工承發四房順治五年房及大堂皆燬於寇康熙元年知縣高嶸重建東西房乾隆七年知縣鄒儒重新建造
甬道立戒石亭
亭前儀門三東爲土地祠康熙五年知縣程維伊重建乾隆四十九年知縣王恒脩嘉慶四年署縣張震續修
西爲禁獄舊在儀門內萬歷間知縣陳九功改建于此
前爲大門上爲譙樓明嘉靖二十五年知縣陳滓匡以磚壁萬歷二十八年民火沿燒拆毀右角知縣熊懋官重脩有記見藝文至乾隆三十八年知縣熊珍新建

門外為申明旌善二亭明知縣朱芾創建嘉靖二年以二亭址改建鋪舍今廢

治東為典史宅舊為縣丞宅明隆慶元年汰縣丞知縣朱芾遷學於縣東以典史宅為學址因縣丞宅遷典史宅順治五年燬康熙六年典史孫孔符重建乾隆四十四年典史劉其祿重修五十六年典史董教禮復修

主簿宅舊在巡捕宅前嘉靖七年汰主簿知縣陳澤改舊宅為預備倉

儒學署在縣治東初署在文廟明倫堂左側隆慶元年遷今址

中為大堂為奎星樓乾隆四十八年教諭王炳訓導程玉麟率諸生建五十四年教諭錢廷錦訓導程琛捐俸續成

外為大門訓導程玉麟懸龍門二字額

東爲教諭宅康熙二十年教諭詹樹聲建三十六年教諭胡玠重建有記見藝文年教諭史經武額其門曰桃李門嘉慶三年教諭韋觀嶽額其堂曰傳經處

西爲訓導宅乾隆四十八年訓導程玉麟重修額其堂曰觀雅齋署訓導程詳鉞其門曰青雲梯五十九年訓導徐藻重修

陰陽學舊在西隅紱縣坊嘉靖二十五年知縣陳摰貿價築城改建東門內府館前久廢址存

醫學舊在西隅太平橋東嘉靖三十五年知縣陳摰以築城貿爲民居改建于陰陽學左扁曰惠民藥局久廢址存

僧會司在集善堂

道會司舊在東隅桂香坊明知縣董大本建嘉靖二十五年知縣陳澤貿價築城久爲民地今廢

府館在豐山門內明初在西隅興賢坊嘉靖間知縣陳澤築城貿爲民地遷建今址康熙八年知縣程維伊重修

分巡同知署明嘉靖乙巳年知縣陳澤建

按察分司舊在城北西隅石龍街東明知縣董大本奉撫鼎建址存

布政分司舊在石龍街間知縣董大本奉撫鼎建嘉靖時築城貿爲民地

稅課司城西太平橋東明宏治二年以本縣帶辦其址貿爲平地

竹溪公館九都竹口明嘉靖間知縣陳澤以地界浙閩爲上司駐節之所上請鼎建順治十三年燬於寇康熙十年知縣程維伊重建有記見藝文乾隆七年知縣鄒儒鼎新復建有記見藝文

小梅公館明洪武間知縣董大本建址存

市井附街巷

日中爲市利用易遷井而飲利用汲二者古之制也遷邑僻在萬山舟楫不通商賈罕達爲於市者本無商貨之可居然交易而退有市道焉寒泉之食有井義焉他如街巷往來雖非輻輳要之生長於斯聚族於斯皆生民日用之經營置中之要務也故並詳之

縣前井在儒學門前色清味甘冬夏汲之不竭明天啟間縣丞傅茶鑿嘉靖間居民甃石康熙十年知縣程繼伊捐俸重脩

大街井 縣治西冬暖夏涼大旱不涸

舉溪市 在上管去縣甚遠商旅稀至今廢已久

竹口市 在九都舊閩浙通衢每歲十月十日為市四方商旅聚貨貿易三日而返近頗式微

大街 縣前　　北門街 縣北

上街 縣右　　橫城街 縣東邑人吳克禮捐砌

東門街 府館前邑人葉憲捐砌　　後街 縣後邑人吳裕捐砌

上倉街 縣南邑人吳克禮捐砌 以上城內　　石龍街 北門外邑人周倚蔡運捐砌

後田街 東門外邑人姚璀葉榮捐砌　　竹口街 九都邑人葉茂捐砌

竹坑巷 縣西　　埜塘巷 縣南

西湖巷縣南　水門巷縣西南

濟川巷　後街巷俱縣治東

鋪舍　鄉都

古者驛亭有置傳舍遞於上國謂民不[illegible]遠一

[illegible]一鄉由近及遠又皆聲教所宏被處驛小邑

[illegible]而計之爲鄉者三爲都者十有二爲鋪舍者

七處地居民因方授驛皆守土者所關心也可

[illegible]

鋪

總鋪舊在縣西明洪武十四年知縣董大本移縣東隆慶三年知縣朱常以總鋪址建爲儒學遷縣前申明旌善二亭址改造總鋪由雲龍門達龍泉者六

金村鋪五都去縣北一十里　木南鋪八都去縣北二十里

黃荊鋪八都去縣北三十里　梓亭鋪九都去縣北四十里

大濟鋪十二都去縣北五十里　楓樹鋪十二都去縣北六十里

鄉

松源鄉統一都二都

從政鄉統三都四都五都六都七都

榮慶鄉統八都九都十都十一都十二都

城隅

東隅統圖二一地名六

上倉　埜塘　東門街　坑壟　後田

後碓

西隅統圖二一地名九

大街　下街　後街　後街　竹坑

杭橋　庫下　潭頭　石龍下

都

一都下管統圖二一地名八

大濟　小濟　七保　八保　黃坳
柿兒　下灘　义路下
一都上管統圖五　地名五十有二
濛洲　橋後　黃田頭　石記岱　黃坪
黃坑　半溪　東山後　楊家樓　門樓後
洛嶺　下村　蔡地　薦坑　范處
岡頭　醮田　舉溪　小濟頭　漈根
楊家庄　下庄　大濟頭　包果　黃稻坑
陳鑑坑　黃田　黃布　後倉坑　包謝

八爐　後洋坑　蘭頭　西溪　蓬家山

魚川　轉水　杉坑　豆腐坑　澤袖坑

横嶺　洋頭　鉭碎磐　富欖源　東溪

徐洋　庵門　葛坪　後坑　吳山

下洋　西坑

二都統圖一十二　地名一百五十有一

周墩　西川　塘頭　壇衕　周處廢

山柿北川　嶂下　欒庶坑　賢良　石頭元

淤上　黄壇　金山頭　石板倉　新村

松栢墺 新庄 蔡公改名蔡川 高洋

張百坑 大巖坑 南洋 山坵 紙塘

坑頭 湖池

蓋竹 根竹山 西洋 下段 後瀨

東坑 喬陌 桐梓 東岱 黃皮

際下 北坑 梧桐 蘭溪橋 青草

庫坑 黃土洋 以任洋 黃水 蛤湖

山堆 横坑 爛泥 齋郎 楓樹坪

山井溪 石建 栗洋 半坑 章根

五大保 岩下 高際 東坑 橫樹

下寮 馬家地 珠嶺坑 南住 尖上

底墅 [illegible] 荷地 際面 洋墩 後庄

下墅 際角 塘尾 黃沙 岩坑

楊橋 桃坑 杉坑 黃公山 黃壇兒

大岩 楊頭坑 半路村 半坑 [illegible] 奇羅廢

半山廢 黃坑

大洪 烏石 林草坑 田寮 嶺頭

杉翠巒 蘇姑塘 楊梅源 東山後 坪頭

茶坪　源頭　橋頭　石磨下　金處

嵐頭　岱根　青竹　半嶺　山頭

梅樹　安溪　留香　竹坪　白柘

塘尾　後坑頭　廣樹樹底

黃泥壟　魚龍洋　石柱　梘頭　坪頭

高際坑　湖邊　左溪　田坑　轄竹

石塘　下塘　印潭　坑下　杉樹下

黃山頭　庫巢坑　漈下　官塘　橫坑

箬嶼　沙洋　白柘洋　後洋　杉坑

上店　洋頭　水寨　垻頭　岡根
青田　磐坑　茶洋坑　瀧濱　龔頭
斜山兒

三都統圖三地名六十有一

下塢　源頭　坐岱　烏石嶺　范源
嵐後　坳坵　徐墩　坑口　塘根
五錠　新村　游山頭　佃坪　翁山
隆碧　横溪　下井　朱坳　坳下
員山　小安　半嶺　小源　黄山頭

竹下　麤尊　楔竹山　方塘　橫坑

下源　内庄　中村　坑井　互洚下

岱根　南垅　陳村　黄皮　班岱底

班岱外　楓嶺根　廣衕頭　麻園　余坑

上村　後樓　羅坳　權山　豎頭

坪頭　山頭洋　橫源　竹後　塘下

五嶺根　五嶺頭　劉貴溪　管山頭　棚下

西山

四都統圖二　地名二十有八

潢田　學後　坑西　石磧　竹坑

上庄　上田　横櫚　坳後　源頭

焦坑　際上　高際　甖頭　班笱後

馱坑　下洋　張家畬　道堂根　平坑

山邊　塘邊廠　嶺下廠　高上廠　蕨洋

雙要　烏任　樓下

五都統圖二　地名二十有四

魏溪　畬墺　湖邊　坑頭　嶺頭

底村　外村　坳下　金村　余村

上淤　藁山下　高果　李塢　白鳳澤

上源　石井　黄花坂　猪郎岱　洋頭

猪背坑　九際　塘園　月山

六都統圖三地名三十有五

庄頭　洋里　甘公坑　外董　雨藍

葛徐　石陂　黄沙　坑邊　車下

芸洲　龜田　蜂坑　蓼林　寮坑

周下　蔡段　坑里　葉林　雷[illegible]

官山頭　石門　張源　白鵝墓　奶姆

坳下　山根　洋頭背　高山壩　葛藤洋

落花洋　下溪洋　洋塢　官倉邊　倉舖

七都統圖三地名三十有五

樟坑　徐墩　蒲潭　吳田頭　李宅

白沙　廟邊　呂源　源尾　中村

隔坑　下安溪　大門底　小林源　鄭林嶺

洋後　張天　張地　黃坑　坑下

生水塘　後坳　源頭　內關　小關

隆宮　西坂　何山頭　渡下　濟頭

山坑　奥坑　梁下　山崗　徐山

八都統圖三　地名二十有五

横碩[illegible]　余村　下吳　[illegible]　黄洋

坪[illegible]　山[illegible]　[illegible]　[illegible]　[illegible]

鍾石淤　[illegible]見　下[illegible]　[illegible]　[illegible]坑

下淤　竹下　[illegible]　[illegible]　溪北

下井　東山[illegible]　東溪頭　高壤　月坳

九都統圖二　地名二十有六

黄杜坑　[illegible]　新岱　黄壇　艮[illegible]

竹口 蓬塘 岩後 崔家田 陳龍溪

後寮 上坑 爐坑 上坳 白象

下洋淤 田邊 旱坑 大林 畬處

馬調洋 何衕 下畬 黃蓮坑 青毛畬

大松坑 蔡山頭 岱根 山頭 千秤

桑坑 北浦 祭鳥 三岱 鵰口

潘衕

十都統圖三 地名一十有六

下漈 中漈 上賴 陳邊 上漈

湖頭　淤下　雙井　梁家田　上井
吳村　烏壇下　中稚　淤頭　洋頭
後坑

十一都統圖七地名三十有八

湯源　上源　朱塢　何坂　中村
小黃南　泥嶺根　檢源　黃畲　嶺後
橫坑　斐洋　丁源　毛源　羅源
龔村　毛塢　蓬塢　排頭　何源
調壇　濟上　濟下　張岩　英塢

翁村　井邊　甘竹山　稼伎後　濟根

櫻桐坑　鄭塢兒　外塢　營鋪　孔坳

陳村　前寮　旱坂

十二都統圖三地名二十有九

大濟　栢渡口　下洋　三溪　山頭壟

下洸　上洸　栢渡闆　李村　姚村

下塢　庄頭梅　臺湖　竹𢊨　東邊

西邊　黄塢　葛田　箬源　南源

桐山　頭陀　佛堂坑　苗頭兒　高山

金村洋丁　何塢　岩坑　下坑

已上鄉都原設版圖一十五都三十七里今編順庄一百六十八庄先是慶元初分五十三里

皇清康熙十年大造編審七月內奉總督劉巡撫范憲牌內開併圖減役向例不及三千畝爲一里今届編審編定三千畝爲一里仍聽里民以近就近自尋熟識配爲一里等因到縣知縣程維伊加意剔釐勞心經畫恰遵來文聽民自便熟識相連計畝多寡酌里去留計減役一百六十戸併作三十七里其

斫沒之戶田地山塘悉併入三十七畝之內中有
兩姓併爲一戶或二三姓實乘數姓併爲一戶且止
有丁地山塘而無田畝者亦止有田畝而無丁山
塘地者各依新併項下輸差而偏累之弊除至若
徵輸之法先年慶元田戶自稅自輸並無現年催
賠之累自明季法弛弊行錢糧完欠專責現年如
有欠數勒令充賠及縱頑民豪里故意拖延以致
現年糧長剜肉補瘡典賣賠墊數十餘年小民視
田如仇棄家如鶩康熙十年八月內又奉
總督劉
巡撫范

檄行嚴禁內開如敢復舊奸一敷新令概將現年
根長名色並行革除其各甲田地人戶悉照自己
名下應徵錢米依限完納緣曾催徵俱照各歷人
戶田糧刊給易知由單分發各里糧長自赴追比
如有預期先完者照下冊上證明給票准發不衛
重勤比較並係一人十年輪自催自完不許更催
他甲甚為小民留惟等因到縣續經縣稽繼伊勸志
奉行而現年糧長一概亦除照前十年奉繼撫
張公志標幸里長名色行頃甘蔗筆法至兼此

年總督李　奏

題請申嚴庄滚催之法委員按部查編析除圖甲不許棚戶掛名花分詭寄城鄉坊庄以連環套戶一照烟戶保甲造册給單分限滚催而里長之弊盡除

官倉

倉儲之設其初爲救荒計而後世軍國之需且有[illegible]者所係誠非小也因前此之營措爲[illegible]嚴封鎖慎檢校避下濕防風雨

爲政者留心補修爲幸

常平倉舊在縣治東舊倉基閒伴儒學前明嘉靖二十五年知縣陳澤改建縣治內東首備置倉廒坐南

歷四年知縣沈維龍重修再建新廒三所

國朝因之遞加修葺編字曰日月盈昃辰宿列張寒來暑往秋收冬藏閏餘成歲律呂調陽致等字二十八廒共貯穀柒千捌百壹拾捌石玖斗三升四合叁勺

竹口官倉在九都竹溪太衛公館內編露結爲霜金生麗水玉出崑岡劍號巨闕珠稱夜光果珍李柰菜重芥薑海鹹河淡等字二十二廒共貯穀柒千伍百捌拾[illegible]石以上二倉計貯

一件各省州縣等事官捐穀壹千壹百貳拾叁石壹斗四升壹勺

一件欽奉

上諭事田畝捐穀陸百壹拾伍石玖斗

一件請照江南等事生俊捐穀陸千肆百陸拾壹石
壹升貳合貳勺
一件仰體
聖衷等事生俊捐穀伍千伍百捌拾叁石陸斗
一件欽奉
上諭事生俊捐穀肆百石
一件遵
旨速議具奏事生俊捐穀壹千貳百壹拾壹石貳斗捌
升貳合
一件各省州縣等事官捐穀伍百石
計七案共捐穀壹萬伍千叁百玖拾玖石玖斗叁升
肆合叁勺
遵照嘉慶肆年 奏冊開載
預備倉凡五所明洪武間知縣余源請建東倉一都南
倉六都北倉八都西倉十二都俱久廢惟中倉
一所初在縣學前宮倉巷嘉靖間知縣陳澤改建縣
治內主簿署舊址至萬歷八年知縣[illegible]功仍將宮

倉巷故址重建倉廒扁曰預備向僉信戶廒貯者充當倉夫歷久弊甚四十二年知縣郭際美詳革倉夫以吏承管民困始甦四十六年知縣汪𦈏忠捐俸重修崇正十四年知縣楊芝瑞復修

國朝因之故預備之在城者有二一則儀門外主簿署舊址陳澤所遷建者是一則大街東官倉巷原址陳九功所重建者是兩所並用均儲貯穀乾隆五十一年知縣王恒以官倉巷離署較遠將預備所貯穀石盡貯於縣治內永平二十八廒之中而以預備倉廢葺爲安插所

社倉

朱子社倉之法載在書傳者甚明後世行之不善立法頗似義倉蓋竊社倉之名而未稽其實者也慶邑舊無社倉乾隆二十三年巡撫楊公

廷璋奏立知縣陳春芳奉文建置其法蓋亦猶是耳今列其倉數如左

城內社倉貯正息社穀肆百捌拾貳石柒斗柒升

大濟社倉貯正息社穀貳百伍拾玖石伍升伍合

後田社倉未建存庫倉價銀壹拾貳兩額貯正息社穀玖拾玖石捌斗肆升

上都社倉貯正息社穀肆百捌拾壹石陸斗陸升

二都五社倉貯正息社穀壹百柒拾貳石肆斗捌升

二都六社倉貯正息社穀壹百伍拾捌石捌升

二都七社倉貯正息社穀壹百陸拾陸石貳斗陸升

二都八社倉未建存庫倉價銀壹拾兩額貯正息社穀玖拾貳石伍斗陸升

二都九社倉未建存草倉價銀壹拾捌兩額貯正息社穀貳百捌拾壹石陸斗

三都社倉貯正息社穀肆百陸拾叁石肆升

四都社倉貯正息社穀伍拾壹石柒斗捌合

五都社倉貯正息社穀壹百壹拾石肆斗貳升

六都社倉貯正息社穀壹百陸拾叁石柒斗伍升玖合捌勺

七都社倉貯正息社穀叁百壹拾肆石玖斗貳升捌合

八都社倉貯正息社穀貳百壹拾玖石貳斗貳升

九都與壇社倉貯正息社穀貳百貳拾捌石柒斗陸升

九都竹口社倉歸合貯正息社穀柒百叁拾壹石肆斗肆升

十都社倉貯正息社穀壹百玖拾伍石肆斗壹升肆合

十一都社倉貯正息社穀壹百陸拾捌石壹斗陸升

十二都社倉貯正息社穀叁百肆拾貳石柒斗[illegible]

以上各都額貯社穀通計伍千壹百捌拾叁石捌斗
柒升捌合捌勺

遵照嘉慶四年奏冊開載

坊表

國家以名節埀天下而使堅不登史不書非所
以勸世也古者表厥宅里樹之風聲[illegible]

耳慶居萬山之中前代頗有偉人至今不乏貞操如其行能專業彪炳仕籍守冰檗蔚爲壹範者前志業已表之茲無論在鄉在邑及前志所未及載者悉登之蘄志以垂永久俾後之覽者得有所興起焉其爲世勸深矣

仰聖坊

希賢坊在舊學前

承流坊

宣化坊俱在縣北布政分司前並廢

肅政坊

澄清坊俱在按察分司前並廢

貞肅坊

旬宣坊俱縣治府館前

迎恩坊在縣北郊知縣楊芝之瑞重修今廢

肅民坊在社稷壇前

景星坊在上倉景星宮前

桂香坊在豐山門內

崇文坊在東隅安定[illegible]首

絃歌坊在西門

安順坊在就日門前舊名進愛坊元至大二年建

宅相坊在下管轄安橋首

雙桂坊爲宋天聖甲子科進士吳敎景祐甲戌科進士吳敦兄弟立在大濟

大理坊宋皇祐元年爲贈封吳穀父崇煦立在大濟

狀元坊爲宋大觀庚辰科狀元劉知新立舊在五都明嘉靖二十一年知縣程紹顒遷建縣治東崇正十五年知縣楊芝瑞重建康熙二年知縣高嶙重修乾隆六年知縣鄒儒重修三十五年燬

八行坊爲宋政和壬辰科進士吳彥申立在縣南

桂香坊爲宋政和壬辰科進士吳葳吳遜立在大濟

神童坊為宋尚書陳嘉猷立在九都竹口址存

尚書坊為宋紹興甲戌科陳嘉猷立在縣治西明知縣程紹頤建崇正十五年知縣楊芝瑞重建康熙二年知縣高翔麟重脩乾隆六年知縣鄒儒重脩三十五年燬

進士坊在竹口明知縣董大本為宋進士給事中王應麟立

擢秀坊為明永樂甲子科舉人葉祥立在縣治西竹坑巷口隆慶二年火孫珣重建順治五年燬於寇址存

登雲坊為明永樂庚子科舉人趙樞立在六都今廢

登科坊為明永樂庚子科舉人吳仲賢立在三都陳村

步蟾坊為明永樂癸卯科舉人吳源立

奎光坊為明正統辛酉科舉人鄭熊立在縣西水門隆慶二年火

義民坊為輸粟賑飢葉仲儀立在北門外明正統七年建

恩榮坊為義民周公泰立明正統七年建嘉靖四十一年燬于寇隆慶四年孫周載重建許周墩乾隆五十年火

義民坊為義民吳彥恭立明正統七年建在六都芸洲廢

百歲坊為壽官葉仲林立在縣北門外

耆德坊在四都廢

繼賢坊為明成化辛卯科舉人吳與譽立俱在七都安溪

名登天府坊為明宏治乙卯科舉人吳禪立在大濟

應宿坊爲通城縣知縣吳鑑立在縣治北門知縣陳漳建

賢俊流芳坊在神力寺左明嘉靖四十三年署縣事通判周紳建列科貢姓氏隆慶二年爲洪水衝決

彩鳳呈祥坊在十二都大澤村後爲明嘉靖宿州同知吳禮立

崇儒坊明嘉靖十三年本府通判署縣事周紳以鄉多業儒因名一在大濟一在竹山

鴻臚坊明萬歷間爲誥封廸功郎吳儒立在大濟

皇都得意坊爲明萬歷壬午科舉人姚文燭立在後田起鳳橋首

登瀛坊爲順治丁酉科順天中式舉人粟上選立在後田善濟橋首

賢德坊爲宋侍郎胡紘妻氏立在四都久廢

貞節坊爲處州衛正千戶葉德普妻鮑氏立在北門橋首明洪武庚辰知縣胡叔儀請建

貞節坊爲吳慶妻鄧氏立在縣治後廢

詔旌完節坊爲監生吳化妻葉氏立明萬歷間建在大濟

一冬千秋坊在西街頭雍正十一年知縣徐義麟奉

旨爲儒童吳公望妻節孝周鸞姑立撥負郭官田一十六畝俾其孫永奉祭祀

節孝坊在大濟雍正七年知縣徐義麟請

旨爲生員吳焜妻曾氏立

抱璞全貞坊在後田雍正六年秋知縣徐義麟奉

旨爲故生員葉良英妻王門守節吳淑姬立

節烈坊乾隆四十八年知縣王恒奉

旨特旌　一在圓都班岱後爲吳茂旌妻葉氏立　一在九都後寮爲李大德妻吳氏立

節孝裕後坊在埜塘乾隆五十七年知縣張玉田奉

旨爲故儒童周宗壽妻楊氏立

橋渡堰陂附亭閣

橋渡以通行旅堰陂以興水利甚王政之要務不容缺者慶邑導源自東無長橋大河土人多畧构以渡秋冬之交山水暴漲堰壞而橋隨之者亦往往而有葢其地居上游奔流迅激衝

必至若鄉遂闢排民間築石成田其高下層級之處全賴山泉灌溉大溪之流不與焉官斯土者能因地制宜以時脩築則民有攸賴矣

橋

東門橋豐山門外嘉靖時築邑人練伕保捐石

仁養橋

善濟橋後田元至正九年建明洪武三十五年邑人謝子隆重建崇正六年燬十六年邑人葉喬林葉喬彬葉上選倡建

起鳳橋後田萬歷間邑人姚文熠建

錦水橋 乾隆四十四年里人衆建

安定橋 後碓又名師公橋橋首安吳三公廟邑人胡仲輝建

天錫橋

尚義橋 後碓嘉慶五年里人吳昌興備緣建造捐入己田壹百把爲永遠經費

以上俱在縣東

興福橋 縣阜門外嘉靖四十二年邑人姚汝仁募建

皋橋 縣西二里

清隱橋 縣西二里嘉靖三十一年知縣邢夢珂重建尋壞今止建草橋

瓦窑橋 縣西五里

以上皆在縣西

太平橋即抗橋在城西北開元至元十年修二十六年重建改名太平嘉靖二十五年築城橋毀四十三年知縣張應亮重建浚開小水門改爲永門橋崇正間大作草橋嗣後屢遭水患旋塌旋修自乾隆二十二年至五十三年凡四毀邑人架木重修

楊公橋雲龍門外爲衆水之匯形勝關鎖一邑元大德間達魯花赤于崇建於石龍寺門故名興賢明天順間壞知縣沈鶴因甃石爲梁名曰謙歸中構大觀亭嘉靖二十七年壞知縣朱芾重建未幾爲水漂流萬歷三年知縣沈維龍再建十六年四月朔圮於水崇正十五年知縣楊芝瑞建中有補天閣小蓬萊雙虹架於左右改名楊公橋邑人姚文宇助銀伍百兩有記見藝文　順治五年左橋燬知縣鄭國佐重建康熙八年左橋邑人余世球修右橋及閣邑人姚鐸重修年久傾圮僅留顏楹半截乾隆十五年知縣

鄧觀移其半於北門是爲北門橋

北門橋雲龍門外嘉靖十五年知縣陳韡建四十三年改建萬歷三年重建康熙三年災于水後建年久傾圮僅作草橋乾隆十五年知縣鄧觀拆楊公橋之半改建於此額曰登雲仍復興築之舊五十三年與史董敦禮偕邑紳士重脩置買田畝以備脩葺立碑於橋以垂永久首事設簿書分班管理厥功良不淺云

南門橋即程公橋爲衆水之滙獅象兩山聳立南北爲邑關鎖康熙九年知縣程維伊從父老請捐貲興建民無病涉顏曰程公橋有記見藝文後廢於水乾隆二十七年慈照寺僧達一募建橋右建觀音堂

象洋橋又名上橋久廢

以上皆在縣北

攀龍橋 隆慶二年里人吳道揆建萬歷三十六年子侍重建康熙二年孫麗明王省王賓王鍾等重修

雙門橋 以吳翁吳毅兒翁聯登壁兩門於橋側故名里人葉塤倡首重建隆慶元年吳道揆重修

南田橋 始建於宋至明萬歷間里人吳起蛟吳廷殿重修順治十八年吳世臣吳銓臣吳貞臣等重修

後堂橋 宋時始建明崇正間里人陳篌戍吳康民等重修

福安橋 小濟里人劉可達建

以上俱在下管

駟馬橋

領恩橋 皋人吳仲信建

登雲橋 里人吳子深建

步蟾橋一名步月永樂間里人吳子興建

跨龍橋隆慶二年里人吳繼俊募建

來鳳橋

如龍橋

以上俱在上管

新坑橋周墩嘉靖三十二年脩續邑人周瑤重建嘉慶五年邑人吳昌興募建捐入田五十把

外橋應嶺尾

蘭溪橋橋下有潭相傳蘭溪人見壁峯拱揖四水歸堂偷葬於此其地遂名蘭溪明萬歷二年邑人胡子隆吳豐等募建　乾隆四十八年洪水衝壞里人吳星湖重新募建

濛淤橋元至元間建久廢明嘉靖五年邑人葉亨重建

五大保橋嘉靖間葉仲珊建

黃達橋

南陽橋

林草坑橋嘉靖間邑人葉亨建

楓坳橋嘉靖間邑人葉憲建

外村橋嘉靖三十九年邑人吳仁忠募建

官局橋嘉靖間邑人葉繁建

梅樹嶺尾橋

黃水長橋乾隆十九年邑人吳春廣倡建

夾金橋賢良水尾乾隆三十年衆建

東坑橋順治十四年建

轉水橋北坑

青草橋

雙關橋黃皮

昌文橋粟洋

大洪橋

接龍橋荷地

金蝦橋 黄沙

永興橋 三堆

平川橋 蛤湖

聚秀橋 蛤湖

高興橋 蛤湖

斜溪橋 楓樹坪

仙洞橋

嶺尾橋

漈川橋 漈下

文閶橋高任

以上俱在二都

發坑橋

余地橋

觀洋橋

壽脉橋

五石橋陳村　里人吳佐源等建

濟南橋

小安橋乾隆四十九年建

以上俱在三都

潹上橋在四都

金村橋乾隆二十七年葉廷垣等建置租以備修葺

朱村橋邑人劉廷堅建

沓墺橋又名下橋久廢

把馬橋廢

以上俱在五都

武定橋

永安橋洪武四年吳德大建

芸洲橋一名普渡元大大德九年建

安樂橋

石洋橋

坑里橋

洋里橋乾隆年里人吳良德順舉等募修

以上俱在六都

黃坑橋

護蔭橋張地

源尾橋

鶴坡橋廢

隆宮橋

茭塘橋

裴橋

雙[illegible]橋嘉靖二十年吳人姚瀛倡建

登瀛橋嘉靖二十年姚伯瑞倡建

蒲潭橋舊名大隱橋

生水堂橋

張天橋

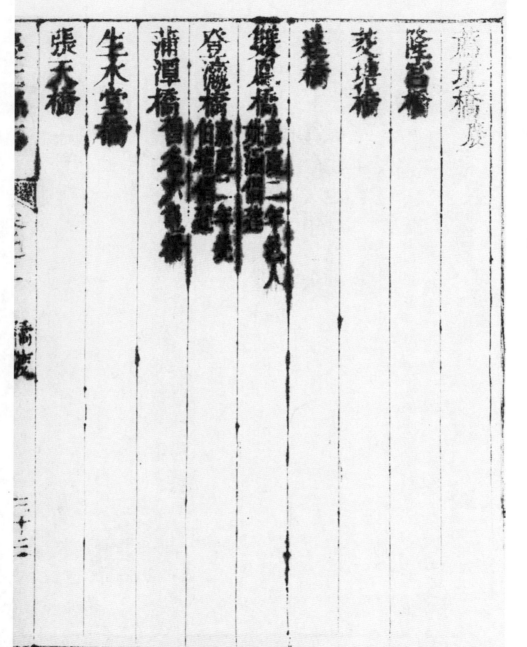

以上俱在七都

梓溪橋縣北二十里屬邑凡道宋淳熙間建嘉定二十七橋毀端四十三年知縣張應奇修萬歷二十二年燬于歷水知縣鄧建邦重建改名清溪橋今名普鄭欽璧有記見藝文壽壞今止建亭橋白觀人王士奇舊有田六十把以備修葺

赤坑橋[illegible]水崇正間廢今建亭橋旋壞旋修

竦蘭橋[illegible]三年知縣[illegible]龍建久廢

魯璜橋[illegible]十一年邑人[illegible]叔高重建

黃荆橋[illegible]洪武十八年建後壞永樂十六年邑人[illegible]平重建隆慶四年壞知縣朱芾重建後又

[illegible]人葉　乾隆　重修

寨後橋在□里人季文盛等建

如龍橋在梅溪村尾嘉慶三年吳梁建

以上俱在八都

杜坊橋象後嶺尾砌石成橋里人季上鑾建

太平橋即新岙橋明嘉靖四年壞五年知縣□□□□里人季琨捐建順治八年燬康熙元年復建至乾隆四十五年復建水尾里人季璉等增置橋租壹千余觔為修築之需

白蓮橋黃垣成化間里人季存旺建

雙龍橋嘉靖間里人季勝宏建

西溪橋

下坑橋

阜梁橋永樂九年里人周□初建嘉靖十一年寇燬知縣周紳重建萬曆四年燬知縣沈維龍命耆民項淵督建順治間又壞竹口居民募建

巖坑橋隆慶間邑人吳□建

嶺坤橋新窰嘉靖間里人吳簡建萬曆間知縣沈維龍重修

闊橋洪武間建尋壞於水永樂間邑人何得成重脩

雙龍橋

路重橋

普渡橋即雙坑橋康熙十年知縣程維伊重建乾隆二十六年里人重脩貢生吳德訓題額

安人橋里人沈旺蔭倡建

以上俱在九都

沙板橋洪武間里人陳永三建

下店橋永樂間里人賴彥銘建

查洋橋元至正間建

李村橋

黃潭橋栢渡口

附鳳橋稻渡口隆慶元年邑人吳秋建

普渡橋里人吳經訓楊佛郎募建

福壽橋里人季良增募建

以上俱在十都

姚村橋

莊頭橋

廻龍橋德源里人吳邦勲等建

以上俱在十一都

楓樹橋宋延祐間建久廢乾隆年里人吳大榮僧心明等重修

長洋橋

葛田橋元至正間建

頭陀峽橋洪武間建

關門橋

觀音橋

連鰲橋

濟世橋里人葉德賜建

攀龍橋龍邑王三省建

栢渡橋龍邑王盛曾建

以上俱在十二都

渡

石龍渡縣北石龍潭明崇正十五年知縣楊芝瑞建橋康熙二十五年橋壞于水雍正十年知縣徐義麟造船爲渡勸邑人輸田爲管渡工食籌善後計嘉慶元年邑人周培經請將所墾中央洲熟田六石二斗爲渡田

後田渡縣東關外水勢迅急橋成即圮雍正十年知縣徐義麟造置渡船行人便之時邑人何金鼎捐山根田一畝三分土名石磧垢姚大罷捐大坂洋田二畝五分土名縈頭姚天球捐學後田一畝八分坐屋傍大路後水圳吳公官捐學後田九分坐上洋爲兩渡永遠經費

五都渡縣北十里岸闊流迅雍正九年村人吳鏐來等募造渡船今改爲橋

堰

趙公堰即周墩堰障蓄竹灘洲二溪水入周墩上洋築寧古樓廊下過標兒村合下灘濟川二水灌東

郊田四十餘頃明知縣曾壽築崇正間壞知縣楊芝瑞復築又壞今惟官陂尚存冬夏有水堰廢不用

司後堰在布政司後久廢

陂

官陂在邑上游因趙公堰壞隨齊川下離一溜水溉大坂洋田四十餘頃俗稱官陂耕者便之趙公堰遂塞不用

後姚陂

謝家陂

新碓陂俱在縣東

潭頭陂在縣北石龍潭下

小濟陂 一都

村頭陂 在二都周墩

楴兒陂 在二都周墩

中村陂 三都

山邊陂

中溪陂 在四都竹坑

朱村陂 在五都今廢

長田陂 在六都

溪北陂 八都

溪頭陂

黄擅陂俱在九都新窑

潘衕陂九都新亭

田邊陂

伏田陂

獨石陂

後坑陂俱在九都竹口

栢渡陂

大澤陂俱在十都

亭

勸農亭 豐山門外大坂岸令慶詩見藝文

迎春亭 後田安定橋前詩見藝文

褒封亭 明萬歷四十一年爲葉有[illegible]建[illegible]在[illegible]九載考最褒封其父受勅建[illegible]十七年知縣[illegible]熙五年邑人姚鐸捐資重建[illegible]月者煮茶以爲行人遊息詩見藝文

風舞亭 後田石埠前詩見藝文

一源鎖脈亭 後田街里人衆建 以上縣東

百武亭 縣南一里

接官亭

問仙亭俱在縣北

憩雲亭詩見藝文　拱秀亭嘉慶四年縣邢樂獨建

翠微亭詩見藝文　譙龍亭嘉慶五年邑吳之森恒昌獨建

來鶴亭詩見藝文

山坳亭

濟源亭以上俱在下管

白雲亭

清泉亭

尊光亭

觀幽亭

聽鹿亭詩見藝文以上俱在上管

新坑亭嘉慶五年募建

柿兒亭

周墩茶亭

應嶺亭邑人余標余槐同建

上洋亭詩見藝文

濛洲亭乾隆十四年里人張啓璣建

八角亭康熙二十八年里人張增玉吉分建乾隆三十九年張仁植募修

水凹亭乾隆四十二年里人張從翰建

東關亭里人吳日才建

巖嶺亭里人張從任募建

金坪亭里人林春球建　頂豐亭林叔坤妻吳氏建

青松亭蔡川

步雲亭里人吳光欽建

加豐亭岩下

五社亭蔡川

五大保茶亭乾隆五十一年葉發良倡建

蓮花亭賢良

上馬亭賢良

樂木亭乾隆四十一年張從貫總建

青龍亭

[illegible]竹亭大洪

繁息亭邑人吳其玉募建

望遠亭邑人吳星海募建以上二都

西山亭詳見藝文

鷺鷥坳亭邑人吳元瀚建

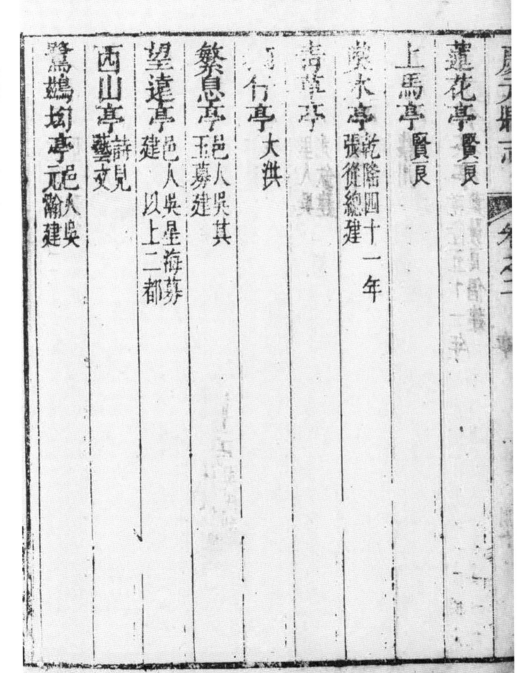

步雲亭 里人姚伯耀建

新嶺亭

下庄亭 里人吳士武建

赤搏嶺亭 里人吳秉夏建

泒石亭 詩見藝文

烏石亭 詩見藝文 以上俱三都

蕉坑亭 邑人吳德深建

竹坳亭 以上俱四都

五都茶亭 奉鄉公撥入坂墺鋪門淤田壹拾把乾隆四十八年重脩里人劉開基捐入土名靑坑橋

租五把陂蓬湖租五把邑人貟玉圭劉德崙等倡捐買本村土名車尾租四十把又上洑土名缸舖窯坑下租四十七把永爲茶火之需

蕉藍亭 以上俱五都

洋里亭

芸洲茶亭

竈田亭 以上俱六都

八角亭 詩見藝文

中村亭 里人周之德募建

揷花亭 以上俱七都

迎恩亭在槎溪嘉慶元年知縣魏夔龍倡建

横磧亭

慶豐亭里人方建賢倡建

冷水亭詩見藝文乾隆里人季爐誼建

掬水亭詩見藝文

明善亭詩見藝文以上俱八都

山後嶺頭亭山後嶺上建亭屋三楹亭之後另屋三楹祀觀音像乾隆乙亥年里人季上機等請邑令羅岳瑾斷除吳本報陞山根廟前宫淤田額外將淤田分斷六十把又季上機捐新窑村土名大路亭下大租二百給照募人住守煮茶以垂永遠行人便之

半嶺亭山後坑里人吳文華建

旌善亭里人季世然建

夏秋亭里人季上璧建

伏石亭令名大觀在竹口水尾入境處

積善亭里人吳滄脩

聽泉亭里人楊德華建以上俱九都

新亭

五里林亭

烏墈亭

後坑茶亭

聚慶亭里人吳經詔楊佛郎募建以上俱十都

合志亭邑人葉增芳周運光同建

壽嶺亭

黃畬亭邑人蔡翱藩建

山巖亭邑人蔡天星建

安見亭邑人蔡元達建以上俱十一都

關門坳茶亭見大榮僧心明募建

適情亭邑人葉增芳建

新福亭

福興茶亭 在大濟

榮興亭 里人劉尚生募建

廻龍亭 吳氏衆建 以上俱十二都

閣

文昌閣 一在大濟萬歷三十六年里人吳作佃建詩見藝文 一在樂溪嘉慶元年里人吳如春倡建

一在竹口乾隆二十二年

一在二都蛤湖嘉慶四年建

大士閣 石龍山中明天啟間知縣狄鑑建詩見藝文

準提閣 在四都黃堂圖下外壠 一在竹口關帝廟右乾隆二十七年地里人平建三楹

觀音閣 豐山門外久廢一在六都芸洲

塔

文明塔 舉溪梅花嶺巔康熙元年吳知縣公倡建塔下環栽梅樹掩映闢邃別一洞天

賑卹

維天地有天閼之氣故在人有鰥寡孤獨疲癃殘疾之民其生也不能自為食其歿也不甘委諸壑苛額授糧捐地埋骼亦哀我癉人澤及枯骨之仁政與

養濟院 又名存卹舊在縣治東隅上倉明嘉靖十四年知縣陳澤貿價築城改建縣北在蕪街左崇正

十六年知縣陰佑宗重建乾隆六十年知縣戈延楠重脩

□安堂在北門外神力廟左

漏澤園一在社稷壇右萬曆元年知縣□□□置 一在濟川門外大濟□□人吳□□□□□捨置 一在豐山門外光菌山里人葉□□捐置 一在薰皋門外灰窖山 一在安定橋上□□□□人吳京捨置 一在四都鐵山南坪里人葉鍇捐置 一在城內上倉樟樹坪里人吳鼎之捨置 一在竹口西北去竹口里許 一在竹口東南伏石關下去竹口數武

慶元縣志卷之三

知慶元縣事閩學傅鍾修

賦役志

土田　額徵　起運
存留　外賦　蠲恤

賦役爲經費所出任土作貢歷代互有不同而要其取民有制不外租庸調三者而已慶自閩耿之變戶口凋敝田多荒蕪五行百産之精一似有衰無旺矣

恭遇我

明

欽
聖加意休養一切鹽害里役革除殆盡百五十年來戶口漸繁而賦不加增鋼

詔慶下而農有餘粟司民牧者體撫字之仁以行催科之令全書具在不可不遵守也志賦役

土田

古聖王成賦中邦必別三壤慶爲巖疆乃楊州荒域地僻民稀計畝定稅往往有不均之嘆前明隆慶間區分六則其法最審民因始蘇蓋地有高下土有肥瘠依山阻澗相去不遠而前代

以酌其宜準土田以定其賦斯其有得於錙上中

下之意耳

大洋爲畈則附郭貳百肆拾步趂實稅壹畝鄉畈則折實稅玖分

山礲爲礲則附郭貳百肆拾步折實稅捌分鄉礲則折實稅柒分

山塢爲塢則貳百肆拾步折實稅陸分

山邊爲排則貳百肆拾步折實稅伍分

溪邊爲沙則貳百肆拾步折實稅肆分

山岡坪爲[illegible]則貳百肆拾步折實稅叁分

按康熙三年奉

旨令業人自行丈量縣官履畝復丈務使因田定税因税
定賦時坊里紳文信吳元舉等通名具呈知縣程
維伊俯循舊例詳請各憲批允悟照隆慶年間六
則開丈在案康熙四年魚鱗册成原額無缺詳覆
藩司賦税不虧今以所須之全書對前此之鱗册
其額徵仍無缺云

額徵

糧有多寡由乎地有廣狹慶廣袤百里平衍者
什一崇複者什九水洌土瘠號稱下下但則壤

成賦自有定額謹錄原徵詳注損益如左

原額田壹千壹百貳拾叁頃伍拾玖畝肆分柒釐玖毫加乾隆貳拾捌年爲確查開報陞科事案內新陞田柒畝壹分貳釐貳絲加乾隆叁拾捌年新陞田壹畝肆分肆釐陸毫除雍正柒年爲請定各省耕耤等事置買耤田肆畝玖分

實徵田壹千壹百貳拾叁頃陸拾叁畝壹分肆釐伍毫貳絲每畝徵銀捌分陸釐陸毫伍絲該銀玖千柒百叁拾陸兩貳錢陸分陸釐伍毫叁絲壹忽伍微捌塵每畝徵米壹合柒勺捌抄壹撮該米貳百石壹斗壹升捌合柒勺陸抄壹撮陸圭壹粒貳黍

原額地伍頃貳拾叁畝柒分伍釐陸毫除雍正柒年爲請定各省

耕耤事案內置買壇基地貳畝

實徵地伍頃貳拾壹畝柒分伍釐陸毫 每畝徵銀捌分該銀肆拾壹兩柒錢肆分肆毫捌絲

原額山貳百頃陸畝伍分 每畝徵銀壹釐叁毫該銀貳拾陸兩捌釐肆毫伍絲

原額塘壹頃壹拾柒畝伍分玖釐捌毫 每畝徵銀柒分叁釐貳毫該銀捌兩陸錢捌釐壹毫柒絲叁忽陸微

原額人丁陸千肆百伍拾柒丁口伍分 每丁徵銀捌分玖釐伍毫該銀伍百柒拾柒兩玖錢肆分陸釐貳毫伍絲 每丁銀壹兩伍錢貳分派入

丁壹丁

以上原額田地山塘八丁等項額徵銀壹萬叁百玖拾兩肆錢壹分貳釐貳毫捌絲玖微伍塵額徵米貳百石壹斗壹升貳合貳勺叁抄貳撮玖粟玖粒內除稭田壇基及加開墾新陞等項

共徵銀壹萬叁百玖拾兩伍錢陸分玖釐捌毫捌絲伍忽壹微捌塵外加蠟茶顏料新加錄柒拾貳兩柒錢壹分伍釐叁毫柒絲捌忽肆塵貳渺伍漠加蠟茶顏料時價銀壹拾柒兩貳分柒釐玖絲伍忽六微貳塵伍渺加藥材時價銀叁錢壹分壹釐肆

毫捌忽叁微伍塵柒渺壹漠肆埃貳纖玖沙加匠
班銀玖兩玖錢柒分貳釐加零積餘米貶徵銀壹
錢壹分貳釐貳毫叁絲貳忽玖塵玖渺通共
實徵銀壹萬肆百玖拾兩柒錢柒釐玖毫玖絲玖忽
叁微叁渺陸漠肆埃貳纖玖沙
共徵米貳百石壹斗壹升捌合柒勺陸抄壹撮陸圭
壹粒貳黍內除零積餘米壹斗壹升貳合貳勺叁
抄貳撮玖粟玖粒
實徵米貳百石陸合伍勺貳抄玖撮伍圭貳粒貳黍

銷石玖徵銀壹兩

外賦入地丁科徵本縣課鈔銀玖拾玖兩陸錢陸分叁釐肆毫肆絲係隨糧帶徵即在地丁編徵之內又外賦不入地丁科徵爲新芽茶折價肆錢捌分

以上地丁漕米及各欵并外賦通共實徵銀壹萬肆百玖拾壹兩壹錢捌分柒釐玖毫玖絲玖忽叁微叁渺陸漠肆埃貳纖玖沙

遇閏加銀貳百玖拾兩肆錢捌分貳釐伍毫貳絲肆

忽貳微肆塵肆渺陸漠貳埃捌纖肆沙加米壹拾

伍石捌斗肆升叁合又驛站新加銀貳拾兩壹錢

陸釐

通共加閏銀叁百壹拾兩伍錢捌分捌釐伍毫貳絲

肆忽貳微肆塵肆渺陸漠貳埃捌纖肆沙

起運

治人者食於人惟正之供所當輸也然起運不

一有戶禮工各部欵項有舊編存留裁扣解部

及留充兵餉改入解運等項悉照全書臚列彚

解藩司以昭賦式之正

戶部項下

本色顏料併加增時價及鋪墊損解路費共銀肆拾
陸兩柒錢貳釐肆毫柒絲貳忽叁微

改折顏料併加增時價及鋪墊損解路費共銀壹百
壹兩肆錢柒分貳釐陸毫捌絲伍忽柒塵伍渺

本色蠟茶併加增時價共銀捌兩貳錢貳分陸釐柒
毫肆絲壹忽叁微柒塵伍渺

折色黃蠟併加增時價及路費共銀貳拾叁兩捌錢

肆分叁釐伍毫伍絲肆忽壹微伍塵伍渺
折色芽茶併加增時價及路費共銀伍兩叁錢壹分
捌釐玖毫壹絲壹忽貳微叁塵柒渺伍漠
折色葉茶併加增時價及路費共銀叁兩伍分伍釐
捌毫壹絲捌忽壹微貳塵伍渺
折色併路費共銀壹千捌百玖拾貳兩伍錢叁分柒
釐肆毫捌絲柒微叁塵伍渺貳漠肆埃叁纖貳沙
新壁共銀柒錢肆分貳釐貳毫陸絲壹忽貳微叁塵
禮部項下

薦新芽茶折價併路費銀貳兩肆錢捌分

茯苓併津貼路費銀壹錢伍分陸釐伍毫叁忽玖微

柒塵伍渺貳漠壹埃柒纖壹沙

改折藥材併加增時價及津貼路費共銀陸錢伍分

壹毫壹絲肆忽叁微捌塵壹渺玖漠貳埃伍纖捌

沙

折色併路費銀捌拾壹兩貳錢玖分柒釐貳毫肆絲

捌忽

工部項下

折色併路費銀捌百壹拾兩柒錢陸分肆釐肆毫捌
絲柒微玖塵壹渺
匠班銀玖兩玖錢柒分貳釐

戶部舊編裁扣解部項下
順治玖年裁雜項銀併路費共貳百陸拾伍兩陸錢
貳分陸釐伍毫陸絲壹忽柒微壹塵肆渺柒漠伍
埃陸纖捌沙
又續裁銀貳百貳拾壹兩陸錢
順治拾貳年裁傘扇銀捌兩

順治拾叁年漕運月糧三分撥還軍儲銀貳百壹兩

貳錢柒分柒釐壹絲叁忽陸微肆塵伍渺肆漠

順治拾肆年裁雜項銀貳百叁兩貳分叁釐

又裁膳夫銀肆拾兩

又裁里馬銀捌兩

順治拾伍年裁優免銀貳百伍兩肆錢伍分陸釐捌

毫

順治拾陸年裁官經費銀伍拾柒兩玖錢貳分

康熙元年裁吏書工食銀柒拾捌兩

又裁歲考心紅等銀肆兩玖釐伍毫

康熙貳年裁倉庫學書工食銀壹拾玖兩貳錢

康熙叁年裁齋夫銀叁拾陸兩

又裁訓導門子銀柒兩貳錢

康熙捌年裁驛站銀玖兩玖錢叁毫陸絲叁忽

康熙拾肆年裁雜項銀壹百壹拾伍兩貳錢捌分捌

釐肆毫叁忽

又續裁銀肆拾伍兩柒錢貳分柒釐捌絲柒忽

康熙拾伍年裁雜項銀壹拾柒兩伍錢伍分貳釐貳

毫

康熙拾陸年[illegible]壹拾壹兩叁錢陸分

康熙貳拾柒年[illegible]肆錢

貳分

又裁雜項銀伍拾貳兩[illegible]伍絲

貳忽

康熙叁拾壹年裁驛站銀貳百壹拾玖兩伍錢肆分

貳釐捌毫捌絲壹忽肆微玖塵

康熙伍拾陸年裁表箋銀貳兩柒分陸釐伍毫

雍正叁年裁書辦工料銀陸兩陸錢捌分肆釐柒毫[illegible]

叁絲陸忽

雍正陸年裁燈夫銀貳拾肆兩

雍正拾貳年裁民壯工食銀壹百伍拾陸兩

乾隆捌年裁民壯工食銀肆拾貳兩

乾隆拾貳年 裁民壯工食銀叁拾兩

乾隆叁拾伍年裁轅門公館弓兵工食銀貳拾兩

留充兵餉歸起運項下

田地山銀陸百玖拾叁兩肆錢壹分柒釐玖毫玖絲

貳忽

兵餉銀貳千陸百貳拾貳兩肆錢壹分捌釐肆毫

[redacted]

糧道項下

淺船料銀[redacted]

貢具銀[redacted]分貳[redacted]絲柒

徵[redacted]

月[redacted]百陸拾玖兩陸錢肆分[redacted]叁

[redacted]

布政司存留項下

解戶役銀叁拾兩

與船民六料銀貳拾叁兩捌錢伍分

以上通閘共加銀貳百肆拾陸兩玖錢叁分貳釐伍

毫柒絲肆忽貳微肆塵肆渺陸漠貳埃捌纖肆沙

存留

存留項下官俸役糧祭祀驛站皆出地丁支給

亦仍照全書名目開載原額實徵併附加銀於

下

府縣經費項下

春秋祭祀銀壹百貳拾柒兩伍錢柒分

文廟香燭銀壹兩陸錢

關聖帝廟祭祀銀陸拾兩

邑厲壇祭費銀陸兩

拜賀習儀香燭銀肆錢捌分

迎春芒神土牛春酒銀貳兩

本縣經費項下

知縣俸銀肆拾伍兩

門子工食銀壹拾貳两

皂隸工食銀玖拾陸两

馬快工食并置械銀壹百叁拾肆两肆錢

民壯工食銀柒拾貳两

禁卒工食銀肆拾捌两

轎傘扇夫工食銀肆拾貳两

庫子工食銀貳拾肆两

斗級工食銀貳拾肆两

巡鹽應捕工食銀叁拾陸两

看守公署門子工食銀陸两

舖司工食銀玖拾玖两

通濟橋夫工食并修橋銀肆拾肆两以上工食俱加閏

孤貧口糧柴布銀捌拾肆两

四糧銀叁拾陸两

典史經費項下

典史俸銀叁拾壹两伍錢貳分

門子工食銀陸两

皂隸工食銀貳拾肆两

馬夫工食銀陸兩以上工食俱加閏

儒學全年

諭訓俸銀共捌拾兩

齋夫工食銀叁拾陸兩

膳夫工食銀肆拾兩

廩糧銀陸拾肆兩

門子工食銀壹拾肆兩肆錢以上工食俱加閏

鄉飲酒禮銀陸兩

府縣歲貢旗匾銀伍兩肆錢

縣生員科舉路費銀叁拾伍兩貳錢捌分壹毫玖絲
捌忽

府生員科舉路費銀陸兩

會試舉人花紅銀叁兩伍錢貳毫捌絲

以上遇閏共加銀陸拾叁兩陸錢肆分玖釐玖毫伍
絲

外賦

學租銀壹拾陸兩陸錢叁分每年徵輸解司轉解學院賑給貧生之用

牙稅銀肆錢下則牙戶壹名每名徵銀肆錢該徵前數另款解司充餉

契稅每買產銀壹兩徵稅銀叁分

牛稅每兩徵稅銀叁分

雜稅徵稅不等以上契牛雜稅三欵歲無定額每年盡收盡解造報題銷另欵解司充餉

蠲恤

蠲免賑恤王者之盛典我

朝

列聖相承鴻恩稠疊誠曠古所未有也舊志缺載今

查檔案補入以見慶民沾被深澤奕世不忘云

順治朝　二年六月奉

恩詔地丁錢粮鹽課俱照前朝會計錄原額徵解凡加派遼餉練餉名買等項永行蠲免即正額錢粮以前拖欠在民者亦盡蠲免嗣後歷奉蠲免積年拖欠五年十一月奉

恩詔民七十以上者許一丁侍養免其雜泛差徭八十以上給與絹一疋綿一斤米一石肉十斤九十以上者倍之十四年三月奉

恩詔貧民失業流落地方官賑恤全活至五百人以上者紀錄千人以上者題請加級其鄉官富民尚義出粟

全活貧民百人以上者地方官核實具奏分別旌勸
十八年正月奉
恩賞老民如五年例
康熙朝　十年奉
恩旨以虫災蠲免粮餉銀二千四百二十七兩有奇二十
三年九月奉
恩詔用兵以來供應繁苦宜加恩恤二十四年所運漕粮
免三分之一又十三年至二十二年拖欠漕項錢粮
毋年帶徵一半以免小民一時並徵之累二十六年

五月奉

恩詔十三年以後加增各項雜稅查明豁免二十七年十

月奉

恩詔二十八年地丁錢糧俱着蠲免民年七十八十九十

以上者給與絹綿米肉如順治十八年例三十年十

二月奉

上諭蠲免三十三年漕米四十二年三月

恩賞老民如二十七年例四十三年十月奉

上諭蠲免四十四年地丁四十七年四十八年五十年並

蠲免地丁銀如前數五十二年三月奉
上諭編審人丁但據康熙五十年丁册定爲常額續增人丁永不加賦又給賞老民如四十二年例六十一年
亦如之
雍正朝　元年八月
恩賞老民如制七年十月奉
上諭本年額徵地丁屯餉錢糧蠲免十分之二十三年九
月十一日叠奉
恩詔給賞老民如康熙六十一年例

乾隆朝　十年正月奉
上諭蠲免十二年地丁錢糧三十五年正月奉
上諭蠲免三十七年地丁錢糧四十二年正月奉
上諭蠲免四十四年地丁錢糧五十五年正月奉
恩詔蠲免五十八年地丁錢糧六十年三月十五日奉
上諭蠲免五十八年以前節年積欠正耗十月初八日奉
上諭蠲免嘉慶元年地丁錢糧
嘉慶朝　元年　月奉
恩詔民七十以上者賜九品頂帶九十以上者七品頂帶

其餘絹綿米肉如康熙五十二年例

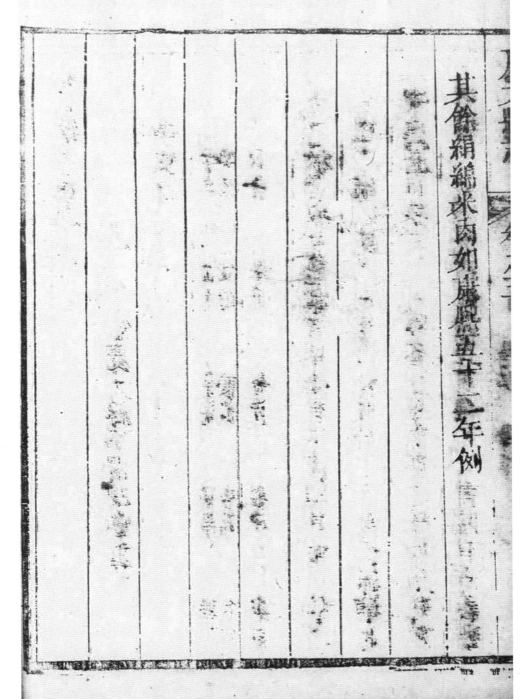

慶元縣志卷之四

知慶元縣事關學優重修

學校志

學宮　位次　祭器　樂器　舞器
樂章　宸翰　諭訓　書籍　名宦
鄉賢　學田　書院　義學　射圃

古之教者家有塾黨有庠術有序既闢其地以居之又立之師以範之夫是以教成於上而澤流無窮也宋慶歷間詔天下州縣皆立學而慶之學始剏建於嘉泰之初嗣後遞修遞葺更張不一書院有志義學

有書課士有期養士有膳凡學校中所應有者無不
纖悉具備我
國家興賢育士遠超漢唐
天翰宸章以時訓飭鼓勵多士躬逢
盛世漸被濯磨當身體力行毋自失為學校中人可也

志學校

學宮

宮有殿曰崇聖靈星樓爲墻高數仞禮器存焉廟貌
像然聖座巍然賢邑宰入廟思敬固宜其丹雘

類加有修無已也

先師殿縣治東黌[illegible]門外南向凡三楹前有三堦

露臺正殿前

两廡各五間

戟門凡三間

頖池戟門前

櫺星門泮池前

屏門左右爲德配天地道貫古今牌坊

崇聖祠正殿後

名宦祠 戟門左

鄉賢祠 戟門右

土地祠 戟門左

明倫堂 正殿左朱晦翁書額

登雲橋 明倫堂前橋下爲池

道義門 登雲橋前凡五楹

儒學門 道義門前凡五間

忠孝祠 明倫堂左

訓導宅 明倫堂下左側康熙四年訓導周之瀚建今廢遷入城内詳見衙署

儒學舊在縣北瀆田上村宋慶元三年令富嘉謀建至元時燬洪武十四年知縣董大本改建於航日門外三十一年知縣羅士勉教諭宋觀建戟門兩廡櫺星門天順二年知縣張宣以地臨溪澗齋舍下濕復遷瀆田故址（鄭師陳有記見藝文）成化十年知縣余康建尊經閣嘉靖十年知縣鄭舉奉建啓聖祠於明倫堂後建敬一箴亭於啓聖祠東二十五年築城學在城外阻二澗水師生登謁稱艱隆慶二年知縣彭适教諭顧冀高生員吳述等議改爲便上其事司府報可嗣任知

縣朱芾乃遷縣治東係總舖典史宅中舍舊址郡人何鏜有記見藝文萬曆二十一年知縣周道長重修四十二年知縣郭際美見明堂陋隘屏墻外排列店房殊不雅觀捐俸三十两復將生員陳夢霈新墾田租三百二把壓科便吳衍慶等店基十二值開拓明堂查者監儲穡育英三坊崇正三年知縣陳國璧教諭胡君宏訓導龔應忠議遷上請改建今址捐俸買葉應遇張元郎地不足更以萬壽庵右空地益之胡君宏有記見藝文順治十三年教諭駱起明建靈臺於殿前康熙二年知縣焉麟鑒續

池於戟門外環築墻九十丈餘四年知縣程維伊捐俸脩正殿九年復建東西二坊十二年訓導戚光朝修櫺星三門五十六年知縣王爾恭增葺雍正五年知縣徐羲麟教諭孫之騄重建明倫堂徐羲麟有記見藝文乾隆二十七年知縣唐若瀛捐俸重修内外煥然一新

仕次

三千七十之班名行著矣其後攀龍附鳳或見知或聞知能闡揚道德表章聖學薪傳賴以不墜者亦得以次相附蓋尊之有名受之無愧云

廟

先師殿

孔子正位

四配

復聖顏子　述聖子思子

宗聖曾子　亞聖孟子

十二哲

閔子損　冉子雍　端木子賜　仲子由

卜子商　有子若乾隆三年陞配

冉子耕　宰子予　冉子求　言子偃

顓孫子師　朱子熹康熙五十一年陞配

東廡先賢乾隆十八年奉文更定

蘧瑗　澹臺滅明　原憲　南宮适

商瞿　漆雕開　司馬耕　梁鱣

冉孺　伯虔　冉季　漆雕徒父

漆雕哆　公西赤　任不齊　公良孺

公肩定　鄡單　罕父黑　榮旂

左人郢　鄭國　原亢　廉潔

叔仲會　公西輿如　邽巽　陳亢
琴張　步叔乘　秦非　顔噲
顔何　縣亶　樂正克　萬章
周敦頤　程顥　邵雍

西廡先賢

林放　宓不齊　公冶長　公晳哀
高柴　樊須　商澤　巫馬施
顔辛　曹卹　公孫龍　秦商
顔高　壤駟赤　石作蜀　公夏首

后處　奚容蒧　顔祖　句井疆

秦祖　縣成　公祖句茲　燕伋

樂欬　狄黑　孔忠　公西蒧

顔之僕　施之常　申棖　左邱明

秦冉　牧皮　公都子　公孫丑

張子載　程頤

東廡先儒

公羊高　伏勝　董仲舒　后蒼

杜子春　諸葛亮　王通　范仲淹

歐陽修　楊時　羅從彥　李侗

呂祖謙　蔡沈　陳淳　魏了翁

王栢　趙復　許謙　吳澄

胡居仁　王守仁　羅欽順

國朝先儒

穀梁赤　高堂生　孔安國　毛萇

鄭康成　范甯　韓愈　胡瑗

司馬光　尹焞　胡安國　張栻

陸九淵　黃榦　真德秀　何基

陳澔　金履祥　許衡　薛瑄

陳獻章　蔡清　陸隴其

崇聖祠雍正元年增封孔氏五世皆爲王爵改稱崇聖祠

肇聖王

裕聖王

詒聖王

昌聖王

啓聖王

配享

顔　路　曾　點　孔　鯉　孟孫氏

從祀

程　珦　朱　松　蔡元定　周輔成

張　廸

祭器樂器

先師孔子萬古一人也禮樂不備不可以祭然籩豆有等佾舞有數琵志所載已詳茲但於學中所現存者備而錄之以俾祭祀時有所考焉

祭器俱雍正八年學憲李公清植頒發之器

香鼎正殿巨鼎一

銅錫爵三十六

錫登一

錫鉶二十四

錫簠一十六

錫簋一十六

錫壺罇五并錫杓六

錫雲雷罇一

錫籩八十四

錫豆八十四

中錫香爐五

中錫燭臺五對

小錫香爐一十二

小錫燭臺一十二對

錫花瓶一對

樂器

琴四張并絃

瑟二張并絃

簫四管并掛綫
笛四管并掛綫
笙四攢并掛綫
塤二箇并匣
篪二管并掛綫
鳳簫二排
搏拊二面
柷一座
敔一座

楹鼓一面

銅磬一十六懸并架

銅鐘一十六懸并架

舞器

舞杆并金龍首雉尾翟翎二十四副

麾旛絳綾金龍旛一首并金龍首硃竿一枝

節二枝并金龍首硃竿二枝

樂章

春季　夾鐘爲宫倍應鐘起調

秋季　南呂爲宮仲呂起調

迎神　咸平

大哉孔子先覺先知與天地參萬世之師祥徵麟紱韻答金絲日月既揭乾坤清夷

初獻　寧平

予懷明德玉振金聲生民未有展也大成俎豆千古春秋上丁清酒既載其香始升

亞獻　安平

式禮莫愆升堂再獻響協鼓鏞誠孚罍甗肅肅雍雍譽

髦斯彥禮陶樂淑相觀而善

終獻 景平

自古在昔先民有作皮弁祭菜於論思樂惟天牖民惟

聖時若彝倫攸叙至今木鐸

徹饌 咸平

先師有年祭則受福四海黌宮疇敢不肅禮成告徹毋

疏毋瀆樂所自生中原有截

送神 咸平

鳧繹峩峩洙泗洋洋景行行止流澤無疆聿昭祀事祀

事孔明化我烝民育我膠庠

宸翰

先師殿額

聖祖仁皇帝御書　萬世師表

世宗憲皇帝御書　生民未有

高宗純皇帝御書　與天地參

今上御書　聖集大成

謨訓

順治九年禮部題奉

欽依刊立卧碑置於明倫堂之左曉示生員

康熙四十二年

御製訓飭士子文頒行直省各學

雍正三年覆准士子誦習必早聞正論俾德性堅

定將

聖諭廣訓萬年論

御製朋黨論頒發各省學政刊刻印刷齎送各學令司鐸

之員朔望宣誦

乾隆五年十一月

頒發諭旨訓飭士子勒石學宮

乾隆二十四年十二月初五日內閣奉釐正文體

上諭錄懸學政公署并各府州縣學明倫堂

頒賜書籍

御纂周易折中

欽定書經傳說

詩經傳說

春秋傳說

御製性理精義

御纂朱子全書

以上綾套書一箱凡六部十七套共一百一十二

本布套書一箱數並同前

欽定四書文

學政全書

御製盛京賦

册結式

明史

御批通鑑綱目

列祖列宗聖訓

上諭

御批資治綱目續編

平定金川碑摹

續增學政全書

御製平準噶爾碑摹

樂善堂全集定本

欽定鄉會墨

平定回部　太學告成碑文

御纂周易述義

詩經折中

春秋直解

小學孝經忠經

文武相見儀注

禮樂祭器圖考

御製朋黨論

洪範注

上諭

平定青海碑文

上諭定例

學宫儀物撮要

聖朝訓士典謨

聖朝訓士典謨碑

御製詩文集

文職文食俸　廉章程側册

聚珍板第一單書計十種

聚珍板程式

儀禮識誤
易象意言
嶺表錄異
鄴中記
浩然齋雅談
澗泉日記
歲寒堂詩話
老子道德經
茶山集

御製詩三集
平定金川詩集
聚珍版叢書一百二十種
農桑輯要
海島算經
夏侯陽算經
傅子
絜齋毛詩經筵講義
帝範

禹貢指南

漢官舊儀

麥廡閒評

拙軒集

御製擬白居易新樂府

新頒學政全書

御論

欽定文廟樂譜

御製補笙詩樂譜

臨雍御論三篇

西魏書

丁憂起復則例

名宦鄉賢

先儒以下有能著治績明經義以自表見者是亦聖人之徒也馨香俎豆垂之不朽矣第自分慶以來入名宦者四人入鄉賢者僅二人外如王子應麟著述甚夥冰鑑如神允光史册乃不與焉非缺典歟用附數言記與論也

名宦

富嘉謀宋令　曾壽　楊之瑞　沈維龍俱明知縣

范承謨　朱昌祚俱巡撫

徐本大學士

郭世隆　李衛俱總督

鄉賢

吳兢宋處州通判　吳樞宋嘉興知縣

學田

府志云學之有田所以供士課膳修葺也今慶

之田類多隱沒前人遺愛後人不得蒙庥惟望
司鐸者釐而正之毋使賢去吝存則善矣
明隆慶三年遷學邑人吳道揆督建仍入所買吳往八
七都桃坑田計鄉租肆百陸拾壹把即捌拾叁碩叁斗
稅叁拾陸畝叁釐壹毫零遞年輸糧外納貯剩銀於縣
庫以備修葺田坐處下礱捌拾陸把門下秧地及魚塘共壹拾把前洋兒壹拾柒把毛桃均濟面
叁拾陸把八畝頭壹拾壹把炭山陸拾把南礱壹拾柒把毛桃均貳拾捌把茶園上分叁拾壹把岩頭倉
基及塘兒共肆把水碓內合得壹把瞧垢陸拾貳把濟面段內合壹拾貳把三塀三十兒捌把三過兒陸
把三坑屋後五把排兒新田合二把茶園下分叁拾壹把嶺根礱若貳拾把廳前壹拾把庵嶺尾叁把棗彎

貳把水碓
內合壹把

隆慶四年邑人吳安慶入所買寺田貳拾捌碩叁斗已
田捌石壹斗五升俱屬九都陳龍溪計稅壹拾畝遞年
輸納外賦納本學以供月課茶餅等費立册記查門前
坪頭
二坵五斗中坂郎門前六坵玖斗處下門前秧堆七
坵叁石五斗塘園桑坵倉基及糞房四坵壹石貳斗
山塢郎門前上半一拾玖坵壹石捌斗半溪亭九坵
貳石五斗處下田一坵壹石半山岡十四坵壹石叁
斗楓樹後郎雙溪口五坵五斗五升竹林下郎黃泥
坵三坵壹石門前竹林下九坵柒斗五升門前礱內
二十一坵壹石肆斗双溪口龍井坑二坵貳斗沙塘
岡四坵壹石七斗半溪柴舖一十坵壹石叁斗權子
坑中半分五坵貳斗陂後嶺三坵柒斗若祥坑七坵
貳石金家門前郎黃泥坵一坵陸斗伍升雙溪口捌

坵五斗五升雙溪口郎門前三坵五斗高嵠十四坵五斗田邊十六坵壹石五斗油皂樹下八坵貳石貳斗双溪口柒坵壹斗金荆坣頭十坵壹石柒斗柴鋪十坵壹石貳斗徐岡底二坵壹石貳斗下館塥二坵五斗石臼岱坳四坵捌斗五升月坳九坵六斗月坳九坵肆斗田邊七坵五斗魚膠共十三坵壹石

萬曆五年邑人周時冕入所買十一都三圖楊源寺田貳百肆拾壹石陸斗除先年山崩荒蕪外實租貳百貳拾柒碩陸斗稅壹頃捌畝叁分玖釐原貯竹口公館為本學濟貧月課等費申請支給師姑塢郎處後山叁石中心塢貳石五斗外山叁石五斗高山前四石高低岡玖石柒斗降弓塆壹石五斗高畬磐五石勾袖柒石茭塘肆石高山際五斗鄭基岡貳石高坂磜郎烏木畬肆石玖斗高山突壹碩高山十壹石麻竹塢叁石高山貳石旱塢叁石

東心塢肆石伍斗烏木畬肆石伍斗盧隨貳石高山下貳石五斗凹下貳石五斗凹岡叁石東庄五石五
斗十五塹五石五斗高山叁石高際郎壇殿壹石五斗坳垭叁石東庄五石中心塢伍石伍斗新嶺頭壹
石畬畬塆壹石十五塹陸石五斗高坑壹石高坑陸石坑長貳石麻川塢叁石勾稭柒石勾稭下郎高畬
磐陸石麻昌塢肆石師姑塢壹石五斗壇衕五石五斗麻塢叁石麻車塢坤貳石五斗麻畬塢尾坳貳石
鄭塢岡壹石五斗壇頭嶺處前壹嶺五斗東心塆貳石高山嶺邊捌斗高山際下壹石叉圓石直坂兒貳
石麻竹塢陸石五斗高樹上柒石處前桼斗燒香岡肆石條隨岡叁石鸛鳥塆伍斗下庄叁石五斗東庄
後五石李七塢五石處隨叁石五斗苦株樹壹石處前壹石東庄郎坳後五石五斗
萬曆三十六年邑人王繼滔入所買吳實上際民田叁
拾柒石稅壹拾伍畝零遞年除輸糧外餘入本學以備

修葺横塲低二段壹拾陸石横塲口壹石五斗檔樹下葉塲處壇壹石五斗桑塲横磡五石嶺上叁石五斗橋頭貳石五斗尾窰坵貳石五斗

書院

松源書院在西陽興賢坊舊爲府館乾隆廢明知縣沈維龍以地僻肄業爲最幽命義民吳韶修理額曰松源書院久廢

對峰書院在豊山門外文廟之左乾隆七年知縣羅儒建又以公牘上郡守鄭東里撥天寧廢寺田一頃八十畝復買民田壹百陸拾五把爲諸生膏火之資五十年知縣王恒移建四都瀆田即今址并買民屋八間塘園一所仍額曰松源書院有記見藝文

育英莊城隍廟右康熙三十年知縣程維伊建中祀文昌帝君堂前臨水架屋三楹後建樓一所上豎[illegible]

除鹽害硨下爲守莊者居焉每月朔望召邑弟子員課藝于其中童子亦得與試講學不倦如明道先生故事後念慶士寒徵資斧殊難設莊一時多有不得入闈者捐俸買羅貴祖後田衙□□□一所稅壹畝貳分文買吳攀桂東門外大坂洋亭兒下大租肆拾把文昌閣洋山口大租叁拾把計稅陸畝叁分遞年撥長厚者收貯本莊除祀文昌完糧外每歲升科□年算積餘羨若干槩給袁士佐省試會試路費尚人均分人士歲滿交批不替云

儲英莊在城北崖公橋首康熙九年知縣程維伊捐俸買葉稽然五都坂與衢頭大租肆拾肆把朱村湖大租貳拾陸把翁處下大租貳拾把周塢大租貳拾把駁坑大租貳拾把門前秧地叁把基亭菴段內大租陸把山後大租壹拾把四畝頭大租陸把針工大租壹拾伍把共計大租貳百把計稅壹拾陸畝遞年撥長厚者收貯除完糧外所有餘羨每年給文士佐省試會試資斧尚人均分一如育英莊例後人附

祀張公學書於育英莊祀程公於歸英莊今莊廢址
存迎王合祀於育英莊之右而兩莊之田亦合教□

儲賢莊在竹口知縣程維伊建

義學

桂香社學縣東上舍知縣勞□□率邑人□□葉林
建續知縣沈維龍命工完之明萬曆二十七
年邑人葉桂重建今廢

儒效社學縣東隅明嘉靖邑人葉懋元
地捐建燬於□邑□重建今久廢

興賢社學縣西太平橋東久廢

濟川社學下管明萬歷元年里人吳歛捐資剏建今廢

聯章社學九都竹口久廢

射圃 明萬曆五年知縣湯維嶽議遷學舊址因賫田址爲演武場議未定萬曆三十一年知縣沈立敬撤撑光門外角門嶺田前後臨溪地勢寬平上請以贖田演武場地給帖與邑人姚文倡對便角門嶺田爲演武場立射圃於右士子習射稱便四十六年學道蔡揆查詳罷學正十四年知縣楊芝瑞改建演武場于椽鐘橋下附建射圃於演武場東以角門田仍歸贖入太平橋爲祭田

慶元縣志卷之五

知慶元縣事關學優重修

禋祀志

壇壝　廟祠　邱墓

禮有五經莫重於祭先聖前賢載在祀典山川社稷養奠一方與夫建功樹德之在當日者其精爽之英靈並宜詳稽典故以昭所饗至祈穀報賽俱資觀感周禮暨大夫隸春官雖詳祀事亦甚慎禮事故得以禮爲系而附諸其後志禋祀

壇壝

有人民斯有社稷壇就且祭之祀稽古如茲矣

我

朝設耕耤以祀先農載諸會典他如一都一里樹之

木以爲田主例無可考姑不攔入

社稷壇 雲龍門外半里許歲以春秋二仲上戊日

陳主而祭右社左稷題主曰縣社縣稷之神各用

帛一羊一豕一爵三登一鉶一簠二簋二籩四豆

四帛色用黑[illegible]

風雲雷雨山川壇　濟川門外一里嘉慶八年春秋二仲

上巳日陳主而祭中爲風雲雷雨左山川右城隍

用帛七色白牲祝版祀禮樂舞之　爵與銅登簠簋

籩豆亦如之無樂舞主亦同

先農壇　豐山門外雍正七年邑令李廷朱奉文置

買耤田壇基共六畝九分照式建造正殿三間奉

先農神主中爲厲山氏左炎帝神農氏右后稷氏配

房二間撞門一座中築壇高二尺一寸周方二丈

五尺每年季春亥日致祭用羊一豕一帛一爵三

鉶一簠簋各二籩豆各四祭畢行耕耤禮知縣秉
耒凡九推典史執青箱者播種夫終畝歲以耤穀
所入易備倉祭嘉慶二十年知縣魏贊龍詳請重修

邑厲壇　北郊外一里歲以清明中元十月朔致祭
先期二日告於城隍至期奉城隍於壇無祀鬼神
位列壇下用羊三豕三果蔬各四米三石蒸飯祭
畢給散孤貧

廟祠

凡廟祠宜止係載在祀典者錄入然亦有名宦

鄉賢既祀學宮之右而復別立專祠者有子孫
家此建爲一姓宗祠者俱以府代爲請附入至
有祈年報賽崇奉香火相沿已久去之反爲褻
俗今採其祀之近於正者列之亦神道設教之
意耳

先師廟規制詳學校志歲以春秋二仲月上丁日行事
正位祭器坐爵三獻爵三登一鉶二簠簋各二籩
豆各十俎三篚一祝版雲雷罇象尊犧尊小香爐各
一大花瓶大小燭臺各二祭物用犢一羊一豕一

太羹一和羹二黍稷稻粱形鹽藁魚鹿脯棗栗榛
菱芡黑餅白餅韭菹醓醢芹菹鹿醢菁菹兔醢筍
菹魚醢脾析豚胉　配位祭器東西各用坐爵二
獻爵三簠二簋二籩八豆八牲盤二篚一壺罇冪
晳共一帛二祭物東西各用羊一豕一和羹二黍
二稻二形鹽藁魚鹿脯棗栗榛菱芡韭菹醓醢芹
菹鹿醢菁菹兔醢筍菹魚醢　晳位祭器東西各
用坐爵六獻爵三鉶六簠一簋一籩八豆八牲盤
二篚一帛每位各一祭物東西各用羊一豕一黍

一稻一餘同配位　兩廡祭器東西共爵一百
二十三各獻爵三中壇各鉶一簠一籩四豆四牲
盤二壺罇一帛一燎壇每壇籩二豆二帛一祭物
東西各羊三豕三中壇黍稷菱栗形鹽鹿脯韮菹
醯醢芹菹魚醢各邊壇稷黍稷栗魚醢餘並同中
壇
崇聖祠規制見學校志歲以春秋二仲上丁日致祭正位祭
器坐爵五獻爵三鉶五簠簋各二籩豆各八牲盤
二篚祝版尊帛各一祭物羊一豕一和羹五餘同

先師正位省牲餅白餅脾肵豚胎　配位祭器東西各坐爵二一獻爵三餘同兩廡祭物東西各羊一豕一和羹一黍稻形鹽鹿脯槀魚棗栗韭菹醓醢芹菹兔醢　從祀祭器坐爵東二西二一獻爵各[illegible]簠各一籩豆各三牲盤各二帛各一祭物[illegible]羊一豕一和羹一黍稻形鹽槀魚韭菹醓醢[illegible]

名宦祠位次詳學校志祭用春秋二仲上丁日祭[illegible]一籩豆各四祭文惟神昔[illegible]茲土[illegible]民社德澤[illegible]今茲仲[illegible]以牲醴潔情告將尚饗

鄉賢祠位次詳學校志祭儀同名宦祠祭文惟神鍾氣秀檢潭名高山斗儀閭之楨旒啟不朽尚饗

儒學土地祠詳學校志祭儀同鄉賢祠

文昌祠詳學校志祭期祭物同土地祠祭文帝德無疆始於孝友十七世身陰功積厚超升於天奎文司二十四慶邑奉帝明禋不朽烏紗龍袍相士入數碧衣青巾儒冠之壽惟茲仲春秋薦以清酒觴立胥臨雲驂拜擬尚饗

忠義孝友祠在學宮左雍正五年知縣李飛鯤奉文建立

節孝祠在崴春秋二仲上丁日致祭以忠節祀者三人宋吳競吳檟明吳南明以尚義祀者八人明葉

俊吳孩恭周公奏吳克禮吳衡吳叔寅吳洏吳
道揆以孝友祀者四人明楊泮龔儀吳相李叔明
節孝祠在學宮右雍正五年知縣李飛鯤奉文建立坊門
外凡邑內節婦貞女題旌者咸祀之歲春秋上丁
後一日致祭共祀十四人姓氏條詳閨操不復臚列
關帝廟豐山門內舊在縣治後順治五年燬六年駐防遊
擊董承義重建康熙四年知縣程維伊捐俸買五
都民田大租壹百伍拾肆把計税壹拾叁畝陸分
伍厘伍毫承奉香火一坐竹坪計租拾肆把朱村門一坐[illegible]計租貳把朱村後門朱把

楓椽貳拾捌根陸把道堂下壹拾伍把下毛氈壹拾肆把五過壹拾叁把橫椽門下貳拾肆把上

源衛口玖把華頭兜陸把雍正三年奉文欽定五月十三及春秋

仲月擇日致祭俱用太牢雍正五年追封三世為公爵

曾祖光昭公祖裕昌公父成忠公祀於後殿九年

知縣徐蘷麟遷建豐山門內乾隆四年知縣裴壯

賢重建後殿四十七年知縣王恒奉文重修增建叅

兩廡一　在竹口公館之左（康熙九年知縣程繼伊建）

城隍廟（在縣治門外仙山）洪武十六年知縣黃大本建康熙二十一年

知縣高騰雲建（碑記載藝文）乾隆四十一年知縣黃[illegible]

重修，每春秋仲上丁後一日合祭於山川壇，清明、中元、十月朔日主祭於邑厲壇，知縣蒞任者牒及水旱所禱，皆詣設祭。

縣土地祠　門左，嘉靖二十九年知縣邢夢珂始用祭，祭期與山川壇同日，用羊一、豕一、菓五。祭文：惟神職司陰令，默理化機，休咎應徵，是省是祈。某承乏茲土，奉神弗違，茲當仲春秋，用申祭告，尚饗。

[illegible]堂　縣北二里文筆山下，祀五顯神。原廟在蒼竹，邑人議建於此，順治五年重修，祭期、祭物如土地祠。祭文：惟神鍾天之秀，受[illegible]物産，以佐民生。[illegible]奉簡命，蒞茲山[illegible]神靈如在

馬眞僊廟四都坑西神五季時華亭人修煉於縣北之百丈山丹成仙去詳見仙釋

梵公廟三都林後神二都人趙宋時於三都烏蜂山白日飛昇鄉人祀之詳見仙釋

白將軍廟九都竹口神姓白爲吳越王將閩越僭號白將兵討之因開此地歿後常有白氣出沒土人祀之

隆安廟九都竹口明成化間建祀土神陳五官

護應馬夫人廟縣治左祀景寧鸕鷀村人馬氏大仙

順濟陳十四夫人廟西門內康熙三年重修記見藝文乾隆

五十七年重修

平水王廟東隅後田神姓周名愷溫郡人南宋時顯靈封爲平水大王事見永嘉郡志

葉元帥廟東隅後田明嘉靖二年建　嘉慶五年重脩

爲侍郎廟東隅後田明天啓三年建　一在稱兒竹

東山廟九都竹口阜梁橋上

徐夫人廟北門外半里許崇正間邑令[illegible]夫人[illegible]有德於民百姓建祠祀之[illegible]嘉慶五年燬六年重修

按以上十八廟皆不在祀典者要或以[illegible]

神農以禱疾痛故並列之東嶽非封內山川禮不當祀然有其舉之莫敢廢也其餘諸廟或稱邑內土神或言鄉邦仙釋舊俗相沿雖無史册可徵然皆前代著靈於此而今崇祀勿替至各鄉祈報香火尤盛而廟宇甚隘掌志者不復爲煩考茲列其大者如右

祠

知縣張公祠（石龍山下）明萬曆間爲知縣張學書立久燬康熙三年附祀文昌祠

知縣樊公祠石龍山　明天啓間爲知縣樊鑑立久廢今附祀三官廟

知縣楊公祠太平門　明崇正十五年建祀知縣楊芳[illegible]嘉慶四年燬

知縣程公祠程公爵前　康熙九年建祀知縣程維伊今廢附祀文昌祠

以上名宦專祠

義勇祠九都竹口　明嘉靖二十四年爲義士吳元備立今廢址存

皆義祠石龍衙明嘉靖四十一年爲義士吳鳳鳴吳德中吳虎立今廢

以上二祠並奉文追建其有各姓宗祠并附于後

吳文簡祠上管皋湲在城西隅一明嘉靖間重建

姚光祿祠南門上會隆慶六年建

吳都巡祠杭橋

吳諫議祠下管大濟明隆慶間建

吳大理祠下管大濟

周光祿祠二都洞敎明嘉靖間建

吳儀貢祠二都底墅明宏治間建

王伯厚祠十一都上源村

陳尚書祠九都竹口在官余後

葉提舉祠北門外潭頭嘉慶元年重建

季遵使祠城西隅

周希一祠東隅上舍乾隆辛酉年建

余安慶祠城西隅乾隆乙未年建

龔廷祥祠城東隅

胡甲餘祠[illegible]

[illegible]五祠 [illegible]

范[illegible]友祠 [illegible]西

[illegible]

李春九祠 黄壇

毛均拖祠 青竹

吳崇五祠 [illegible]

[illegible]四祠 黄[illegible]

隙甲二祠 蔡川

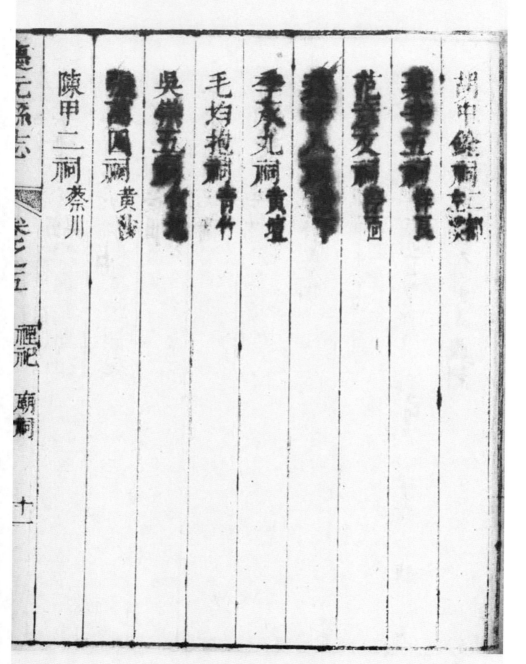

葉孝廉祠後田上葉

胡思廣祠七都呂源村

葉德一祠後田

吳知縣祠六都芸洲

夏知縣祠六都山根

以上鄉賢專祠

邱墓

人有立德立功立言者謂之三不朽邱墓之志準此以斷舍是不與焉

給事中王應麐墓竹日大尾廻龍廟後

尚書陳嘉猷墓九都伏石嶺下

狀元劉知新墓五都慈照菴前山下

大理卿吳秉晌墓下管大齊金劍山

知府吳徵墓下管大齊

侍郎胡紘墓四都黃堂岡

御史吳瑀墓四都馱坑

縣尹吳平墓上管蔡地塘坳

主簿吳杰墓下管大齊

推官吳[illegible]墓下管大濟

同知樊文焯墓五都巷縣寺前

通判吳伯齡墓五都金村舖

知縣吳子[illegible]墓上管官樟林

通判吳倅墓六都外桐

隱逸葉瑠墓縣東大鐘寺後

義士葉仲[illegible]墓四都坑西橫塢

主簿周琎[illegible]墓四都墓庵

萬戶葉國[illegible]

孝子葉儀[illegible]

孝子李[illegible]

通判吳[illegible]

知[illegible]

縣尉李[illegible]

通判林[illegible]

知縣吳[illegible]

同知吳[illegible]

知[illegible]

[illegible]

縣丞熊大[illegible]

知縣吳大奎[illegible]

縣丞吳南[illegible]

經歷李時芳[illegible]

貞女黃[illegible]

貞女吳[illegible]姪[illegible]

節婦[illegible]

按經歷吳[illegible]

巡司吳舒[illegible]墓在十二都山[illegible]

慶元縣志卷之六

知慶元縣事[illegible]

武備志

關隘　兵制　武事

慶邑山路險隘，地處僻左，戎燹之警所在絕少，然非用武之地也。然國之大事在祀與戎，兵可千日不用，不可一日不備。舊志不叙兵制，失之偏，亟茲從府志補入，俾守土者揆文奮武，各盡其職，以期無忝云爾。

志武備

關險

慶三面距閩爲道崎嶇雖內有拔隘全憑六隘以爲外藩崇正間閩寇入境恃此無虞亦既有成效矣扼險扼要一人守可萬人敵關險之設不甚重哉

關

伏石關 九都竹口距縣六十里

險

石壁險 二都周墩縣東八里

喜鵲隘二都縣東北十里

烏石隘三都縣西南十五里

西山隘四都縣西十里

馬蹄隘下管縣南八里

龍田隘六都縣北二十里

[illegible]隘八都縣北二十里

已上諸隘皆明嘉靖十四年知縣楊芝瑞建又

捐俸置田於喜鵲隘有記見藝文　順治十八年知府周

茂源撥廖智祿關地歸於縣後建隘樓置兵戍築

王益朋有記見藝文

角門隘五都縣北五里

石門隘十二都大濟縣北七十里

白鶴隘三都

巖洋隘三都

八爐隘二都縣東八十里

梅坳隘二都渠洋縣東北四十里

高山隘四都

蓮塘隘九都縣北六十里

飯甑嶺隘 四都距縣北十五里

黃塆隘 二都嶺頭距縣東北六十里上下有二所舊志慶元因嘉靖年間交關隘因路昂佀為崇寺人所佔始分上起隔坑下起隔嶺其坑堪界變經年訐告至萬歷四年守道王委本府同知陳觀勘鑿碑委遂昌知縣黃景寧知縣林慶元知縣沈觀至其地踏勘會審遂五日乃復其舊隘據慶民皆賴今大案

河坎

兵制

設武備以戒不虞城守有職偵察有人咸照府志開錄列明制於前以今制續後以見我

朝措置之宜酌前代而加密云

明

弓兵　洪武三年本縣治設弓兵三十六名以屬巡檢司巡檢率領盤詰巡邏

教場　在縣背儒學址下萬歷十一年知縣沈立敬以其地近縣治遷建城北角門嶺頭崇正十四年知縣楊芝瑞改建西郊踏橋下附射圃於其內

墩臺二　一在寧龍門外二里文筆山之下

一在十二都去縣北六十里大濟之隘

慶元縣民兵貳百六十名　內防守一百二十名烏銃

一百三十名鳥鎗皆土著義勇僱習不受直材官

歲徵餉銀七百二十兩

綠營巡檢司弓兵一十五名

國朝

慶元駐防左營把總一員　一年一調

外委一員　守塞撥汛　一年一調

把總署在太平門內康熙四十九年文武公捐購買民房改建

營房四

教場演武廳在雲龍門外深北

小教場在濟川門外雲鶴山之麓
竹口教場先年處州千戶張傍建
軍器局在把總署左
慶元縣汛兵四十五名
竹口汛兵三十名　余地汛十四名
安溪汛兵七名　[illegible]汛
棘蘭汛兵五名　喜鵲汛
新窑汛兵八名　八都汛
明皆寨後汛兵六名　白渡口汛

余地汛兵圖名

舉溪汛 以下圖汛暫闕年款

喜鵲汛

入鄉汛

白渡口汛

紀事

山陬僻壤之邦歷今數世人不識兵蓋寰宇之
昇平久矣溯自明季以來揭竿有警伏莽時聞
或邑宰之制變有方或鄉勇之冢義自保前事
昭昭俱有可考今備紀之亦安不忘危之意爾

元

至元十五年山寇黃花自閩來寇縣剽掠而去

明

正統十四年己巳山賊龍鬪九襲縣官兵討平之

九乘宣寇之亂率衆數百攜鏡爲甲臨陣纙目入莫
與敵時縣無城賊因獲擄縣治縱火焚燒署舍役投
鬮得二等不納歸爲官兵所斃遂平
嘉靖二十四年癸未山賊吳主姑嘯聚千餘人剽掠縣
境騷動知縣陳準引兵會剿于[illegible]殲其衆平之
賊自號入　先生出入閩越劫掠[illegible]間得勝長驅其
[illegible]
[illegible]人以大兵後至遇害殺[illegible]至
[illegible]賊衆悉爲所斃後論殺賊功立祠祀元備扁[illegible]

義勇

四十年閩廣流寇入境剽掠知縣馬汝從禦之賊衆三千餘人自松溪抵竹口劫掠其縣縣有備至龍泉大掠而去

四十一年庚申八月壽寧山寇劉大眼掠縣後山縣丞黃德興引兵禦之

劉大眼率衆千餘人從山谷間出竹口轉掠黃和至縣據後山為巢縣丞黃德興力戰斬數十級賊計窮將走俄有邏寇自閩道歸由我障後夾攻官兵遂潰

殉者甚衆義士吳得中吳鳳鳴吳竟虎皆殉事聞司府
下撤爲立祠祀之扁曰皆義
十二月劉大眼復寇縣訓導吳從周禦之
倭寇陷政和復圍松溪劉大眼寇縣無備欲棄之一
晝夜奄至城下時訓導吳從周率民固守越數
日兵備副使陳堯撤把總陸英引兵七百來援城
知大兵至且攻且遁卒潰散遁去
崇正十四年辛巳十一月閩寇張其鄉犯境知縣楊芳
瑞勦之

張其卿大掠龍泉突至喜鵲隘知縣楊芳之瑞統鄉兵禦之賊退屯萬里林隨令舉溪廩生吳懋修吳之鯤率鄉勇擣其穴斬首百餘級賊遠遁

國朝

順治四年丁亥七月十九日閩賊雷時鳴犯縣執知縣李肇勳總兵劉世昌平之

時建寧兵亂流犯慶元執知縣李肇勳殺其三子妻自縊八月初一日鎮兵進勦賊夜遁民得安堵

五年戊子十月劉中藻同馮生舜等圍慶元官兵禦之

退

劉中藻福安人庚辰進士隆武委授在閩逼賊作亂

恐福寧寧德一帶同馮生舜等圖慶元觀察教諭戴

雲程遊擊董永義棄城去於閏十一月初三日八[illegible]

兵至斬首五百餘級賊兇亦百餘人自北門至縣治

前民屋盡燬明年正月廿三日本府總兵劉提督進

兵防守民始安

六年己丑九月馮生舜攻縣殺千總李定國[illegible][illegible][illegible]

至遁去

生𩚨聚白頭數千趋縣李定國迎戰於下伙亦被戕
遇害遂攻城三晝夜知縣謝士登告急於政和縣援
兵至夜遁
八年辛卯五月山寇陳文喜作亂知縣鄭國仕滅之
文喜聚衆千餘據百丈山剽掠村落搶奪婦女閩邑
震動里地白沙隆宮中村等處田地荒蕪知縣鄭國
仕帶官兵從白沙進剿復令下管廩生吳王眷吳銓
臣率隆宮鄉勇劉仰之陳希吳茂林等從山後夾攻
直搗其巢乃滅

十年癸巳七月閩寇李希賢糾付等劫竹口知縣鄭國位平之

希賢仙樓人聚賊三千餘人剽掠竹口撥山綱縛一百三十餘人到巢尉金知縣鄭國位親率鄉勇許光彥吳春傑楊茂大等圍守檄請府鎮官兵合勦賊聞遁走

十月李希賢復掠上源等處鄉勇蔡來吉王明麟會衆攻之去

希賢復聚賊六千餘據河源四攻掠焚燒民屋一

十一都廖承吉王明麟曾十八都鄒翰勇合力夾攻殺
數千餘乃滅
十一年甲午十二月閩[illegible]崖磜拔一都九磜村千總李尚
才紅旗裘魁自刎於陣
十三年丙申四月賊首魏福瓚從余赤等焚刦竹口
初余赤等焚刦上際姚村一帶把總爲從羽機松溪
官兵會攻斬首百餘賊遂奔汀州明冬魏福瓚等五
千餘賊由船坑山坑西路入竹口圍燒民屋六百餘
家公館橋梁悉燬

十四年丁酉三月賊高彪殺掠一二都掠九五等四千總李
茂擊之
康熙十三年甲寅正月耿逆叛亂五月偽總兵徐尚朝
遣其黨陷慶元十五年丙辰八月貝子率滿漢都統馬
將軍喇台吉等率大兵討平之
時慶元城陷義勇吳韶功吳壽男戰沒於陣事聞
詔卹其家各蔭一子授千總嘉慶元年
特恩追死事功授各蔭一孫
四十八年閩匪彭子英餘黨竄入慶元城村庄殺擄生員

吳鳳交率鄉勇逐之

慶元縣志卷之七

知慶元縣事關學優重脩

風土志

習尚　歲時　禮制　坑冶　物產

正滔奢儉五方之風尚不同而整齊變化責在司牧所視感之者何如耳方今
聖天子至德涵濡賢大夫仁風披拂比閭族黨彬彬復古書此以爲採風問俗者之一獻可乎是作志之要也志風土

風略

慶元山多田少土瘠民貧力勤尚儉人多土著俗鮮饑頑蠶桑之利尚未有興

習尚

山國之民其氣剛以勁雖饑寒切身亦不肯變其守女然好訟善鬬鬨亦有之至大奸大慝則未之聞四民之家先衣食而後詩書於子弟學業罕能培植上公車者甚少亦有初列黌序嘗心三窟衙談巷議惟利是圖甚至學業不成竄入胥吏以庇門戶

恬不爲怪士風不振未必不由於此以上參錄府志

舊志云士守名節婦不外見[illegible]儉廉恥寧變産

輸糧不忍拖欠[illegible]非勢已不得[illegible]

厚別兢兢禮教淳樸之風獨先

舊時屠販經紀惟無恆產者業以餬口今則壠斷居

奇皆出有力之家居鄉者以農爲業老者在家

壯者居外川陝雲貴無所不歷跋涉之苦甘如飴

焉視其所獲十難居五大抵慶邑之民多仰食于

葦山

四民

士人家不畜僕童有場圃者雇人種蔬無者採買於市弟子閒時出就外傅入學後多務家政喜無遊人與物以遷其志亦無繁文縟節以勞其心服飾布素不尚綺羅齊之以禮頗能復古

古者農之子恒為農茲則不然或有耕而兼讀者或有耕而挂名胥吏者避役故也今里役已革民得專意田畝一年所出可贍數口邑中輿夫甚少習者性多倨傲非倍其值不肯行

工匠悉資外籍石工則寧德木工則江西近則土
爲盛
行商以種藍爲業其次鋸木香菰蕨有之治前門
字存

歲時

元旦禮神及祖奠三牲茶酒粿拜柏枝盆插柿桔開
門放爆以兆百事之吉是日舉家食素午設素飯
夜備茶菓薦于影堂凡五日夜而止
次日覲謁親朋相賀置席幼者給以五彩菓品

上元自十三夜至十五夜架鰲山簇綵張燈迓土神

出遊笙歌戲劇襍沓往來夜闌則止

春社日祀社祈年分社肉做社餅以相饋送

清明日致祭祖祠標清祭掃先墳有祭田者在墓前

分散紅卵

立夏日作香羹

仲夏四日懸蒲艾以酒食角黍薦寢祀先相傳胡仲

淵以午日出師敗焉遂沿爲例鄰邑皆然

端午日收百草沐浴飲雄黄菖蒲酒食角黍

六月六日曬衣書

中元家各祀先不舉葷祠內竪旛燈臺至十五蘭會分散饅首

秋社祀神報穀

中秋夜飲食糕餅以賞月華

重陽祀先食角黍士人龍山登高

孟冬月釀紅麯酒

季冬月煎米飴

除夕晡前祀神祭先放爆竹曰辭年是夕守歲如古

禮

禮制（[illegible]）

冠禮久已不行女子臨嫁而笄凡在城及各鄉者女家必答席

初議婚不及問名即納手鐲頂圈麒麟牌作聘記謂之揷定正聘時納白金若干不拘數謂之揷茶茶立庚帖父家則贈以物禮謂之回聘請期饋禮或接以金謂之拜門擔娶日婿不親迎今北鄉亦有之在城各鄉命小叔及水人來接謂之壓轎父家

命子姪一人邀親親入門時請老婦有福壽者作攢相引至洞房偕夫對坐飲食用十全菜謂之米篩飯日暮燃燭輝煌音樂具舉出拜天地祖先轉至堂前拜舅姑及各親友戚俱相見畢送入洞房行合巹禮

喪葬發之日庭設靈座遷尸正寢舉奠飯是夜起坐報靈親友來弔謂之相望人子執杖跪俯謹迎次日戚屬婦女亦來相望喪家具素以待晡時入殮羅列牲醴讀祝舉哀杖巫的呼人拿不謹諸擁戚

屬有犯者則避之蓋棺已畢置衆餕餘以餞後各親不限弔期各具香楮素菜以購延僧誦經謂之薦亡出殯還日有山卽葬無者停于土室有延至數十年而不葬者蓋風水之說誤之也

祭自春秋時享外生辰死忌不論貧富俱薦于正寢遇初度之年富者宰牲牢設盛饌以祭貧者備牲酒醴百歲而後已有醮祖者當忌日子孫助祭餕餘各給饅首不限百歲之期

坑治

昔者鑿坑之徒悉屬亡命幸而獲則肝斲塗地亦不悍不獲則聚爲礦盜爲害一方今坑場幸以俱[illegible]百數十餘年來民不罹賠亦不移料[illegible]朝之善政也

按舊志坑冶有十在一都者曰銀屏坑八灘坑陳家坑毛洋坑石濱坑在二都者曰瀏背坑横巖坑筆坑天堂坑在十一都者曰葛田坑以上十坑俱久廢

物產

爲生之族辨土所宜樹畜有時樽節有度亦王政之一端乎慶邑水土寒薄所產無奇而物力消長又不能無今昔之異茲核實所出載之於册以見民生日用其所需有如此云

穀屬

冬瓜白（粒細而白晚熟）　芒早（色白粒大稈勁有芒）　紅米肚（粒梗色純赤）　百日早（七月初先熟）　齊頭（粒大雪色味香甘先熟）　旱穀（種于無水處因名）　馬戴早　青梗早　火燒穀（已上秔稻）　木樺糯　天豈穤　金金變　烏節　白芒　紅殼　白殼　馬鬃

野猪惡　光稍巳上稏稏　大麥　小麥　蕎麥　花麥

粟秔稉二種　芝麻黑白二色　黄豆　烏豆　菉豆　羊鬚豆

赤豆　雲豆　豇豆　刀豆　二[illegible]豆　羊角豆

包蘿

蔬屬

薑　薯　芋　葱　蒜　韭　薤　莧　蒿　芥

蕨　筍　蕈　茄　菠薐　苦蕒　萵苣　芫荽

莙薘　蘿蔔　苦薏　油菜　冬白　冬芥

蓏屬

冬瓜 北瓜 黃瓜 絲瓜 苦瓜 匏

菓屬

桃 李 梅 杏 柰 柿 柑 橘 梨 栗

棗 榧子 石榴 楊梅 枇杷 林檎 葡萄

橄欖 苦櫧 陳梨 山棗 香櫞

木屬

松 柏 杉 榅 樟 楓 槐 桑 桐 [illegible]

椿 櫂 桕 栖 櫧 桂 檜 梓 椏 檮

檀 冬青 椶櫚 想思木

竹屬

雷 貓 石 筆 紫 斑 水 黄 箭 箬

慈 麻 矮 黄 觀音 鳳尾

花屬

牡丹 芍藥 芙蓉 木槿 紫荆 臘梅 荷

蟠桃 郁李 水梔 薔薇 茉莉 雞冠 葵

瑞香 山茶 玉簪 鳳仙 杜鵑 海棠 蘭

佛桑 罌粟 玫瑰 木筆 百合 蝴蝶 菊

玉繡毬 月月紅 剪春羅 美人蕉 千瓣榴

草屬

芭蕉　萱草　菖蒲　龍鬚　鳳尾　觀音　蘆

菅　茭　茅　蘋　藻　萍　萬年松　青鋒劍

羽屬

雞　鵝　鴨　燕　鴿　雉　鵲　鸛　鷓鴣

鷺鷥　畫眉　翡翠　竹雞　鶺鴒　鳩　杜鵑

百舌　山雞　啄木　鴉　烏鵰　鶯　郭公

瓦雀　鴝鵒　布穀　黃頭　鷹　田雞　禿鶖

鷂　鳧　紅裙

毛屬

牛 羊 犬 豬 貓 虎 豹 豺 獾 熊

猿 猴 鹿 麞 兎 鼠 獺 野豬 箭豬

漢豬 狐 貍 竹䶉 黃鼠 山羊 金錢貍

玉面貍 山犬 山麂

鱗屬

鯉 鯽 鱖 鯿 鰱 鯰 鱔 鯖 鰻 鱤

鰍 白 石斑 圓眼

介屬

鼉　鱉　蟹　蚌　螺　蝦　穿山甲

蟲屬

蠶　蜂　蛺蝶　蟬　蠅　蝙蝠　蚯蚓　蜘蛛

蜻蜓　蟋蟀　蝦蟆　蚱蜢　蛙　[illegible]　[illegible]

蛇　螻蟻　螢

藥屬

白朮　茯苓　枸杞　黃精　百合　厚朴　薑

槲角　苦參　荊芥　梔子　威靈仙　野甘菊

半夏　薄荷　紫蘇　茵陳　覆盆子　五倍子

黃連　香薷　益母　勾藤　天門冬　金櫻子
車前　香附　木賊　薄荷　金銀花　石菖蒲
前胡　小茴　南星　半夏　[illegible]　[illegible]
石斛　木通　茱萸　藿香　桑白皮　白扁豆
槐花　青皮　木香　陳皮　劉寄奴　天[illegible]

貨屬

苧　筍乾　毛邊紙　靛　香蕈　朱[illegible]　石耳
蕨粉　蜂蜜　白蠟　紅麴　茶　燭

慶元縣志卷之八

知慶元縣事關學優重修

官師志

知縣 教諭　◆　縣丞 訓導　◆　主簿 巡檢附　典史

天生蒸民不能自治而立之君君不能獨理而任之臣官有多寡而分攝之事不一然有繁簡而責任之意則同慶邑號稱易治一官已足皆補而外本屬可裁若夫教職林立而復設誠以文運於是乎賴獎勵樂育非一諭所能任也督率之下謹稽其屬官姓氏

與其闕畧年代有足徵者逐一附註於下志官師

宋令寧宗慶元三年胡紘奏請以所居松源鄉立縣始設

富嘉謀慶元三年任入名宦有傳

元達魯花赤

亦都散大德二年任

于欒大德八年任

馮義至正元年任

知縣

明

董大本 洪武十四年任有傳

曾　壽 洪武十八年任人名宦有傳

詹仕

余源清 洪武二十三年任

李仲仁 洪武二十七年任

胡淑儀 洪武三十一年任

羅仕勉 洪熙元年任有傳

程義和

張　朝 莆田人

殷宣 青神人監生景泰四年任有傳

張明 金臺人

趙貞

鄭昱 正統年間任

余康 莆田人進士成化年間任

黃道

周杲 華亭人進士

沈鶴 華亭人進士宏治年間任

魏程 建昌人

何鰲 南海人，進士，嘉靖三年任，擢監察御史，有傳。

湯岳 湖廣衡州人

鄭應文 寧德人

李性實 太倉州人，嘉靖七年任，有傳。

陸元 臨川舉人

鄭舉 閩縣人

陳彌正 南昌人，嘉靖十一年任，有傳。

程經頤 太湖人，監生，嘉靖十一年署任。

陳元 浙江人，嘉靖十六年任，有傳。

陳　淳　南海舉人嘉靖二十四年任擢南直監察御史有傳

邢夔珂　高淳人嘉靖二十八年任

羅見麟　番禺舉人嘉靖三十一年任

陳文靜　莆田舉人嘉靖三十三年任

馬汝俊　莆田舉人嘉靖三十九年任有傳

張應兆　高淳舉人嘉靖四十二年任

彭　适　溧陽人監生隆慶元年任

朱　衍　黔江人監生隆慶三年任有傳

[illegible]羲　懷寧人萬曆元年任有傳

沈維龍南安舉人萬歷二年任有傳

陳九功南昌舉人萬歷七年任有傳

史著勳桂林舉人萬歷九年任

黃文明懷寧人歲貢萬歷十二年任

詹興龍泰寧人歲貢萬歷十四年任

周道長成都人歲貢萬歷十八年任有傳

鄧建邦全州舉人萬歷二十一年任有傳

李　寶朝陽人歲貢萬歷二十五年任有傳

熊繼官石城舉人萬歷二十八年任有傳

沈立敬 溧水人萬歷三十年任有傳

張學青 平樂人選貢萬歷三十二年任有傳

陳鍾琄 惠安舉人萬歷三十四年任

潘學孟 六安州人萬歷三十八年任

郭際美 萬安舉人萬歷四十一年任

汪獻忠 歙縣舉人萬歷四十五年任

馮大受 華亭舉人萬歷四十八年任

樊　鑑 歸州人天啓三年任有傳

王士焜 崇仁人天啓六年任

陳[illegible]人[illegible]正[illegible]年任

趙[illegible]人[illegible]年任

楊之璟[illegible]人崇正十[illegible]年任

陳[illegible]人崇正十七年任

國朝

李[illegible]人順治二年任

謝士[illegible]人順治[illegible]年任

鄭[illegible]人生員[illegible]年任

[illegible]人順治十二年任

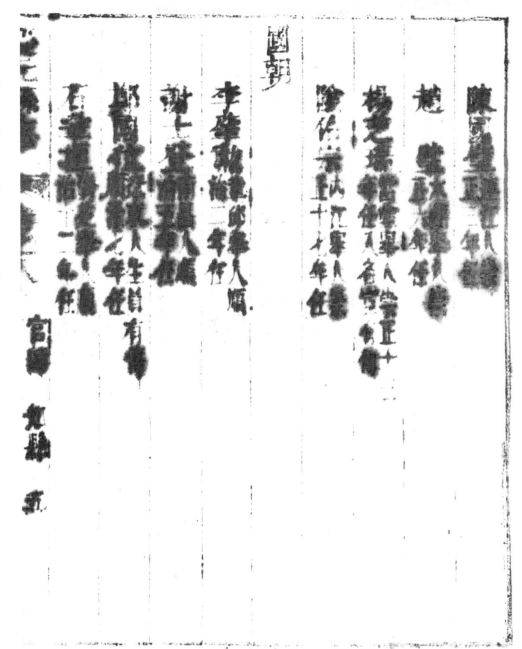

王之[illegible] [illegible]人監貢 [illegible]二十六年任有傳

高[illegible] [illegible]人[illegible] [illegible]十七年任有傳

穆經伊 新[illegible]人 [illegible]三年任有傳

李森 [illegible]人 [illegible]十五年任有傳

楊[illegible] [illegible]人貢生 [illegible]十七年任

梁兆桐 [illegible]人拔貢 [illegible]二十五年任

李文英 [illegible]監生 [illegible]三十二年任

李春之 [illegible]人貢生 [illegible]三十七年任

薛[illegible] [illegible]州人進士 [illegible]五十五年任

王開泰 湖廣人進士康熙五十五年任

李飛鯤 江南人進士康熙五十七年任

于樹範 金壇人

李廷棻 四川人進士雍正七年任

徐永麟 正白旗舉人雍正八年復任

程　灃 樂平人

郭從善 山東舉人乾隆三年任

鄒　儒 樂平人拔貢乾隆六年任有傳

蔣　灝 長溪人附監

裴世賢　渭陽人

王者棟　蕪湖人進士乾隆八年任

黃　鈺　鄧州人拔貢

郭　梁　山東舉人乾隆九年任

蔣　潤　舊名蔣澍乾隆十年復署

鄧　觀　瀘溪人進士乾隆十一年任

景　皋　安邑舉人

羅　岳　晋江人進士乾隆十九年任有傳

李　佐　永盛人副榜

陳春芳鄭州舉人乾隆二十二年任

興　福鑲藍旗人

梁堅棱平陸人進士乾隆二十五年任

參濘厚阜城舉人乾隆二十七年署有傳

張　鏻蓬萊舉人乾隆二十八年任

張天相武陽舉人

李　蕃三原人進士乾隆三十二年任有傳

張力行湘潭人署

嚴　灝署

唐若瀛 三原舉人乾隆三十六年任有傳

熊　珍 宛平舉人乾隆三十八年任

孟毓楷 長洲人署

楊　燕 嘉應州舉人署

黃疊緒 萬泉舉人乾隆四十年任有傳

徐傳一 崑山人附貢乾隆四十二年任

婁延文 曲沃人署

吳　越 長洲人乾隆四十二年署

陶渟淦 長沙人乾隆四十五年署

王　恒遵義舉人乾隆四十六年任

朱鍾麟貴州人進士署有傳

趙　珹文安舉人乾隆五十年任

莫景瑞安定舉人乾隆五十一年任有傳

徐傳一復署

張玉田涿州舉人乾隆五十四年任

李寶型東光舉人乾隆五十六年任

戈廷楠獻縣人乾隆五十九年任

魏夔龍德州舉人嘉慶元年任

張　震　清泉舉人嘉慶三年任

關學優　順德舉人嘉慶四年任

縣丞

明

魏明德　洪武十四年任有傳　　傅　俊　貴池

羅　穰　吉水人　　韓　繡　江津人

吳　華　灌陽人　　阮廷貴　永州人

周　顯　高平人景泰年間任　　傅　榮

方希勝　正統　　王廷樹　吳縣人成化年任有傳

蘇相 南海人　周憲 餘干人 宏治年

郭珊 建平人　鄭紹銓 上杭人 正德年

劉正 嵩明人　徐斠 淮南人 嘉靖年

嚴容 丹徒人　何子瑛 華亭人

陳楷 揚州人　陳敷 弋陽人

馬瑀 山東人　黄德興 晋江人

范學顔 靖江人　程默 宿松人

隆慶元年此職裁

主簿

元

張延瑞　張榮

明

劉茂洪武年間任有傳　陳衡

林顯福清人　王爾

漆蘭　胡璽歙縣人

汪源樂平人

嘉靖七年此職裁

典史

明

季[illegible]年　胡[illegible]

陳[illegible]人　汪[illegible]人

王[illegible]人　許[illegible]人

鄭[illegible]一[illegible]人　葉[illegible]人

詹[illegible]人　林[illegible]人弘治年

余[illegible]人　林欽[illegible]田人

陳[illegible]人　熊[illegible]南昌人

曾[illegible]豐城人　楊[illegible]

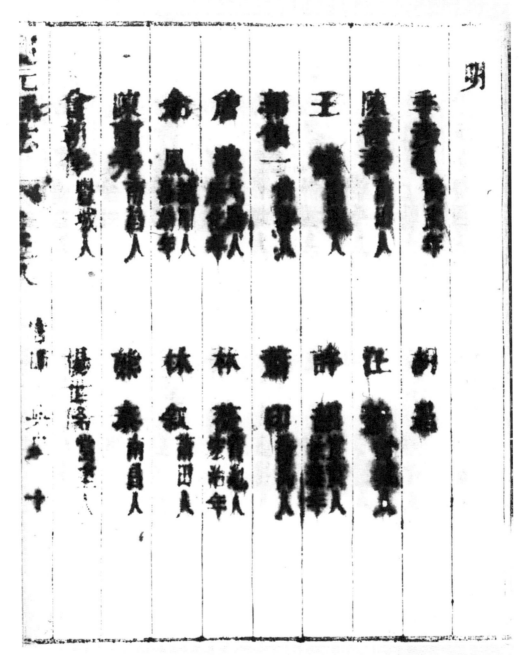

[illegible]

王模 懷寧人　　陳子雯 石埭人

孟逵 徐州人　　黃士先 [illegible]人

徐[illegible] [illegible]城人　　王國俊 霍邱人

王棠 丹徒人　　俞一淵 太湖人

蘇仁[illegible] 石埭人　　謝性顯 當塗人

汪景鳳 舒城人　　陳紀 [illegible]人

王國才 樂平人　　李忠璉 懷寧人

周光耀 上饒人　　張春芳 寧化人

舒啟英 婺源人　　李廷芝 高安人

楊復聖始興人　湯士愷當陽人

李用行程鄉人　鄭繼元南城人

沈世來石埭人　方從龎莆田人

國朝

羅賢臣順治年　潘起龍南昌人

張文瑋肩施人　侯正官陝西人

胡應泰吏目大興人　喬孔衍富平人康熙年

張令名山西人　馮燦山西人

毛覔蕪湖人　高托無極人

官師　典史　十一

楊維儀　江南人　　張文錦　直隸人

朱　廣　江南人　　孫　標　河南人

朱懋文　宛平人乾隆年　　張振芳　繁峙人

梁　森　齋經廳署　　陳　謙　大興人

陳子佳　揭陽人縣丞署　　劉提三　昌樂人

徐　信　　鄒景祿　武進人

都　會　桐城人　　董敦禮　[illegible]人[illegible]

林　闓　署　　楊毓麟

馬光輝　懷寧人署　　達克勤　大興人

曾廷棟 主簿署　朱宗海 高安人 嘉慶年任

教諭

元

董　燊 樂平人 至正年

明

夏　禮 洪武年　張　達

宋　觀 宣德年任　鄭師陳 莆田人正統年任 有傳

謝文禮 將樂人　汪　澄 懷安人

陳紫薇　邢　璣 當塗人 成化年

孫繼祖 聊城人嘉靖年

晋倫 晋江人

吳瑞 鄱陽舉人

朱陳 上元人

方樸 鉛山舉人

謝應奎 湖口人

王國相 晋江舉人隆慶年有傳

薛廷寵 惠安舉人

顧翼高 上海人萬曆年

毛存奎 慈谿人有傳

曾守唯 清流人

徐縣臣 永康舉人

徐文 吳縣人

謝承聘 於潛人

韓任明 光化人

吳逢堯 餘干人

張孝 博羅舉人

葉文燦 龍溪舉人

葉文瑞都昌人　楊開先商河人

蘗中理德化人　余流默建德人

周　淳蕪湖人　夏維昱建德人

高士璐德清舉人　胡若容湖廣舉人

沈明時新城人　王廷禎汀州人

錢永寬杭州人府志失載　余　璋平陽人

徐應亨蘭溪舉人有傳　鄔承堯寧海人

徐鶴朋海鹽人　胡寅賓湖州人

林永春泰順人

國朝

朱佐聖遂東人順治年　　駱旭明諸暨舉人後歷知縣有傳

張晉餘姚舉人有傳

順治十七年裁汰康熙十五年復設

馬青會稽舉人康熙年　　屠樹聲仁和貢生

陳瀕會稽舉人　　徐巽瀚餘姚拔貢

胡玠臨安舉人後歷知縣　　史紹武仁和貢生

戴志達溫州人拔貢　　魯・士會稽貢生

曹源郁嘉興人副榜　　孫之驃仁和人貢生雍正年

范光瑛寧波人署　　徐[illegible]拔貢

吳臣經仁和人副榜　　吳　超山陰人乾隆年副榜

駱承運臨安人署　　王[illegible]山陰人副榜

汪本乾淳安人廩貢　　沈光[illegible]淳安人舉人署

孫　源烏程人舉人　　徐[illegible]言杭州舉人署

丁　葵會稽人舉人　　顧一清海鹽舉人署

王　炳金華人舉人　　葉德鳳寧波人副榜署

楊保樑山陰人舉人　　程　琛昌化人貢生署

錢鉽錫紹興人副榜　　王日華東陽人拔貢署

章觀獄　瑞安人　拔貢

訓導

明

楊　弼　高郵人　洪武年　　吳　經　順德人

王　參　福安人　　潘　初　麗水人　貢生

李文魁　古田人　正德年有傳　　沈　濟

林　梓　海豐人　景泰年　　黃　廉　南安人

王　奎　　吳　騏　南平人　成化年

朱　鎮　宜春人　　李　彪　餘干人　弘治年

楊　賢南城人　劉廣珠瀏陽人
唐邦用候官人　李　輅兗州人嘉靖年
范繼蓬大田人　林一桂閩縣人
先　琢無錫人　陳雲騰大田人
吳從周邵武人有傳　劉　安荆州人隆慶年
方一梧莆田人　余世貴連江人萬曆年
車　錡將樂人　周　令萬載人
龐　熙廣西人　胡鳳陽榮縣人
謝子蕙建德人　柳應儀建德人

駱問學諸暨人　徐應斗蘭溪人

方應卿吉安人　孫祉達豐縣人

侯　綬德清人　鄭　重西安人

夏紹元當塗人天啓年　賈應忠滄州人崇正年

林如周侯官人　譚曾濟茶陵人

鄭健齡山東人　鄭用楷諸暨人

越士蔚貴州人

國朝

葛光緒寧海人歲貢順治年　周廷俊諸暨人

周之翰　新城人　康熙年

葉榮　龍游人　歲貢

婁茂澄　仙居人　歲貢

高文煌　山陰人　貢生

蔣奕煒　武康人　貢生

范其撥　寧波人

許青虬　平陽人

徐天秩　淳安人

詹一城　常山人

戚光朝　金華人　歲貢

周于德　武義人　歲貢

鄧殿[illegible]　[illegible]豐人　貢生

唐[illegible]　湯溪人　貢生　雍正年[illegible]

葉士超　金華人

俞樹敏　臨安人　乾隆年

林承芳　永嘉人

潘煜　署

談企會　署

孫　榮　定海人　　徐時泉　東陽舉人

周紹洙　仁和舉人署　　莊時峨　鎮海舉人有傳

崔懋鑄　歸安人廩貢署　　俞　派　錢塘舉人

葉藹倫　金華人廩貢署　　程玉麟　淳安舉人

程　璨　後署訓　　徐　藻　海鹽人歲貢

王　鐵　鄞縣人廩貢署　　胡佺燮　[illegible]寧人嘉慶元年任

葛　覃　慈谿人廩貢署任

治行附

召父杜母史稱循良以其利澤在人也更若黃

則循辨著桐鄉去後之思碑猶存焉可無傳
也前事不忘庶幾後事之師謹纂之以備考稽

宋令

曾嘉謀襄惠寬仁清慎平簡慶元三年以松源鄉
立縣受符涖任始辟衙署繕倉舍立學校建壇
壝一切制度皆其創舉不朞年而就民無勞擾

祀名宦

知縣

明

董大本洪武十四年復立縣丞署學校久廢丞捐
俸受事寓大爵寺次第修舉撫民寬厚興建鼓
明有循吏風至今頌之
曾壽清忠愛民百廢俱興夏元旱苗多枯橋丞於
經理陂堰引水溉田民賴無饑後以慈石林串
攻縣擄掠執丞使降抗節不屈引頸就刃遂遇
害民哀之如喪考妣祀名宦
羅仕勉廉明果斷民有私採銀礦者發覺鑿云百
戶田福按縣拘捕良民悉受其害丞不避奸鋒

遂一一奏聞以發其弊時稱能吏

張宣揚已諱厚道章明以正任九年政平訟息理

盜安民如何武當年去後常令人思

何鰲懷行教節愛民進士先民無定式隨時參籌

爲戸民病之乃平其田以二頃爲一甲役此適

均戸無偏累輕刑緩賦革弊省費民德之後擢

都察院副都御史

李維貞初授浦江教諭正德七年至任宅心仁恕

愛民如子凡干以私者悉斥之時早行禱於叢

山之巔拜伏烈日中不起須臾大雨是秋乃稔

民深感之

陳瓛正南昌人廉潔自矢顏直不阿公而且明吏

不忍欺民無越訴後以憂去歌咏不忘

陳元峽江人厚重簡默有古人風時值開礦費甚

油糧之費復立額稅徵民愈不堪公乃同請

損其數以蘇民困遂忤時璫去人多爲之泣下

陳澤南海人性勤敏才練達山寇猖獗公率兵捕

之斬首百餘級遂乃平時白縣申請附[illegible][illegible]

及公署故址支費不逾年而城成民賴以安存
擢南京監察御史
馬汝徵上元人精慎明敏時值大造奸胥弊滋
弊悉觀自簡閱以鏡奸源版籍一歸於正後入
覲致仕歸
朱菁黔江人簡重慈愨雖盛怒不形聲色待士以
誠遷學修城經理有序不濫科罰以病民士民
德之
勞銘夔懷寧人秉性儉約處事明決愛民禮士民

貧不能耕者助之建義塾置學田以資卒於官士民無不哀悼

沈維龍南安人廉明剛毅剔奸釐弊修邑乘置學田苞苴盡絕宿藏肅清縣令在獄悉詳允人衣

宦崇祀

陳九功建昌舉人挿雅大度公平明决寬恤鄉下尤加意學校開渠引水以防火患期年政聲大著調繁麗水合邑陌許爲別

周道長成都人平賦役課農桑周助不給[illegible]

獨尤沐其施值蝗入境引咎籲天蝗自竟去始
盡咸稱異政且孝友性植篤思親輒至慟哭竟
以告養歸士民如失慈母

鄧建邦全州人慈惠清慎政務簡靜釐竈一清倡
造八都槎溪橋尤利民之大者

李質廣東普寧人簡易慈祥不阿勳勢時有奸民
以沒官田私獻勳臣廉得其實上之當道以重
法繩之遣戍者三人自是權貴惕然邑無騷擾
去之日老稚號泣隨之繫留衣冠寄思焉

沈立敬溧水人簡約撫民凡陋規悉行蠲革至今
　便之擢敘州別駕
張學書康明仁恕先是慶有商鹽之害官吏受課
役丁夫由龍泉轉運抵邑高騰市價使鋪戶屯
賣鹽復穢惡食者多病商坐收盈額致鹽戶償
家質子女以償公目擊民苦詣鹺院請命嚴禁
官以除民害臺使可其請咨部每歲納包引課
銀四十一兩八錢一分不許商鹽屯賣乃勒鹽
書以垂永久民困始蘇又礦稅微溢額數倍公

爲戕損僅足額而止當道又檄吳覺亦户鄰邑
騷動公獨申地僻民貧不産豆麥奉檄免徵
如龍里甲綴贖錢至割俸以充費涖任三載補
刑息訟課士賑貧學射祭器公既於城隍明日
遂遍至有自斃於山者一時稱異詩擬守真安
父老攀轅有賄金佐道里費者卻不受相與建
祠祀之後商諂復至民益思公不置云
郭際美蕭安人公方正慈儉邑自歷水爲災田多漂
沒民苦輸稅而糧里復增額外之費公條上甞

禁之歲荒捐百金發倉賑恤置互編行保甲

闔而賑給之

樊鑑風雅有才政多更新龍山諸勝於是開創邑

政暇理時登山遊宴賦詩民以風流仙令稱之

楊芝瑞廉明勤敏令行如風雷凡有益於民興利者

無不盡心究以作新士類爲首政修城池築六

陰建詠歸橋稱爲偉觀後遭回祿復興鄉紳

有功民獲生全尋陞武定知州卒於官祀名宦

國朝

鄭國位遼東人精明廉幹慈愷愛民政治井然可
觀年甫十九而老胥猾吏不能飾文弄法垂清
楊公在橋民無病苦待士誠禮交致合韋德之
卒於官士民哀悼不忘
王之垣絳縣人仁恕强明苞苴屏絕甚愛士有
良吏風未二月卒於官囊橐如洗合邑驚悼不
已賻之柩乃得歸
高嶙寶雞人練達勤敏動應機宜公餘賦詩臨池
有李北海風遷城隍廟尚書坊濬泮池治行多

可觀焉

程維伊楚黃人至誠愷悌蒞任九載愛[illegible]清[illegible]畝蘇鹽田修邑乘建橋梁諸廢俱興尤加意人材置育英備英二莊召邑弟子員課藝其中并買租田作文士鄉會兩試之費丙午秋闈同考官當湖陸子清獻即其門下士也次年延居絳帳風為丕變辛亥歲災饑單騎詣勸力請題[illegible]蠲免正供一千四百二十兩有奇後以憂去士民如失慈母

李襄續蓋蘇華人康熙間任時耿逆初平相機招
撫殘黎勸以復業適遇旱蝗來必以身為倡
儆不堪百役者為裁革又立文社於不肯講訓
親自課藝尋時勤久饑諸生捐俸以給至今誦
者有年歲一時之盛焉
鄭僑樂平人政主愛民而事必依法凡徵錢糧
完糧輸穀皆暮官民之分徵者畢入支互相
勸勉至于奸宄盜竊則必嚴懲之不稍貸也
邑向無肄業地捐俸建對峙書院置田租

以作師生脩脯膏火之資節各鄉家塾亦有義

酒餚紙筆以勸誘之在任年半以義贖歸士笑

有松源偶紀金嶂時文粹陽經解行於世

羅岳瑆晉江人簡潔厚重審理詞訟鞭楚不濫尤

加意人材邑有篤行勤學者厚禮待之卒於署

多澤導由舉人署縣事廉靜寡欲不事刑威去餘

常召諸生講學先品行而後文藝生平工於楷

書學者宗之

李翥三原人進士有惠政時好尚文學　士感德

圖鹽害公獨勤勸懇懇再三申詳蒙　督憲俯
以聽從民便批示合邑始不驚擾
唐若瀛陝西人邀巳爱民尤崇儒重道城文廟傾
圮捐俸倡新涉冬再夏不倦後以憂去
董聲緒由舉人知縣事家窶食糲一介不苟凡公
出行李無異寒士工於書寫因不阿上官左遷
教諭鄒任蔚猶以勸學力田矚喻士民
朱鍾麟由戶部主事改試用知縣署本縣僅二閱
月聽訟明敏凡累年未結案牘讞斷一空民無

爲訟後調諸暨知縣

莫景瑞瓊州人秉性耿介同寅契友並不敢干以私善冰鑑士民或良善或奸宄一經品題悉恰肯每斷大案必誓告神明囹無冤獄後以憂去寄寓括蒼宦橐蕭然

明縣丞

魏明德創始立法愛民猶子時青田寇葉丁香吳達三等作亂朝命延安侯統兵勦捕侯以邑之二都與賊連境欲盡戮其衆公乃直抵軍營涕泣

自侯曰吾邑民悉從化毋復盜竊盜者公戮之
是殃良民也請以身代侯義之其事遂寢民往
全生至今咸蒙其德
王廷相吳縣人清介自持臨事不苟胥吏不得售
其奸後以病卒于官寓館蕭然止餘柴薪錢肆
兩清操聞於一時
明王爵
劉茂時山寇夏清四等連肆侵掠不時擾縣民不
帖爵公率居民吳德聞等設攻剿破賊鋒民獲

安璿任滿陞河陰知縣

教諭

元

董夔樂平人至正間三領鄉薦授慶元學正教[illegible]

碩行學者一時丕變[illegible]武[illegible]

名拜國子錄所著有二[illegible]國[illegible]

文集見樂平縣志

明

鄭師陳莆田人明教[illegible]士風丕

變諸生徒之身也

王國相吉安人博古通今作易經講義訓誨諸生

[illegible]勵士氣振作規模廣置學山鄉賢

毛存奎松滋人古雅淵博善書法詩畫不俗士類

德之以宋知縣[illegible]累經始者明知縣曾壽

抗儒不屈特疏題請從祀名宦大儒與樵著有

輯補[illegible]圖居然補邪歸正民受之者無倦者

徐應亨蘭溪人純厚篤實儒士典型能古文詞賦

著有十分贊補閒十卷行世

國朝

吳起明諸生人敏捷有氣節[illegible]鐘人[illegible]事以公

章業課士文風丕振尋陞[illegible]令

[illegible]晉餘姚人性寬和有盛德厭薄勢利以文行訓

士闔庠衣德以病卒諸生哀之咸失聲士民感戴

緒合醵旅櫬始得歸里

孫之[illegible]錢塘人性耿介博極羣書年逾六旬猶

講生徒[illegible]學不輟所著有橙源經說夏小正集解

橙源集等卷行世

孫源烏程人性和厚不苟言笑宰與士子講解詩文必曲盡其妙尋陞知縣

錢廷錦會稽人由荊州八旗教習以就本學教諭教厚貞介不苟取與而文和易近人嘗以品行訓飭士子卒於署舍庭賻之旅櫬始得歸里

訓導

明

李文魁古田人秉性端嚴持身不苟立科條勤教誨有古人風諸生歲考貧不能往者出俸金濟

慶元縣志　卷之八　官師　治行　二十七

之與知縣何參同官時有縣學雙清之譽

吳從周邵武人性剛直博學好詩視邑纂益加精真時山寇臨城公誓以死守至七日賊遁去因城西在山之下懼寇登攻遂申請當道改築西城跨山之巔捐俸首築二丈以為民式保障之功居多尋陞國子監學正

國朝

莊時峨鎮海人和平樂易雅尚清操與生徒接不談勢利亦不專論文章士林德之如坐春風